Henri J. M. Nouwen

Jesus nachfolgen

Henri J. M. Nouwen (1932–1996)

Henri J. M. Nouwen

Jesus nachfolgen

Nach Hause finden in einem Zeitalter der Angst

Herausgegeben
von Gabrielle Earnshaw

Aus dem Englischen übersetzt
von Bernardin Schellenberger

NEUFELD VERLAG

Aus dem Englischen übersetzt von Bernardin Schellenberger

Eine englische Ausgabe dieses Buches erschien 2019 unter dem Titel *Following Jesus: Finding Our Way Home in an Age of Anxiety* bei Convergent Books, New York, einem Imprint von Random House

Dieses Buch ist auch als E-Book erhältlich:
ISBN 978-3-86256-785-0

Die Deutsche Bibliothek verzeichnet diese Publikation in der Deutschen Nationalbibliografie; detaillierte bibliografische Daten sind im Internet über www.d-nb.de abrufbar.

Bibelzitate, soweit nicht anders angegeben, wurden der Einheitsübersetzung der Heiligen Schrift © 1993 Katholische Bibelanstalt, Stuttgart, entnommen.

Lektorat: Dr. Thomas Baumann
Umschlaggestaltung: spoon design, Olaf Johannson
Umschlagabbildungen: Nathan McBride;
Christopher Sardegna/unsplash.com
Abbildung Frontispiz: Kevin F. Dwyer
Satz: Neufeld Verlag
Herstellung: CPI – Clausen & Bosse, Birkstraße 10, 25917 Leck

3. Auflage 2024

ISBN 978-3-86256-162-9, Bestell-Nummer 590162

neufeld-verlag.de

Bleiben Sie auf dem Laufenden:
newsletter.neufeld-verlag.de
neufeld-verlag.de/**blog**
facebook.com/neufeldverlag
youtube.com/@neufeldverlag

NEUFELD VERLAG

INHALT

VORWORT

Henri Nouwen: Mein Freund und Lehrer

Von Henri Nouwen hörte ich das erste Mal, als ich in den späten 1960er Jahren noch in Ohio im Seminar war. Meine Mutter schrieb mir aus Kansas, dass in unserer Pfarrei ein neuer holländischer Priester den Gottesdienst halte und ihr seine Messen sehr gefielen. Sie erzählte mir: „Seinen Akzent verstehe ich nur mit Mühe, aber er feiert die Heilige Messe mit großer Ehrfurcht und Andacht." Zur damaligen Zeit hatte ich natürlich noch keine Ahnung, was sie damit meinte. Er war damals Psychologiestudent am Menninger Institute in der Nähe des Hauses unserer Familie in Topeka. Aber es sollte nicht lange dauern, bis er in mein Leben eintrat.

Ab Mitte der 1970er Jahre waren wir oft bei den gleichen Konferenzen Sprecher. Er besuchte mich dann bald mehrere Male in der Kommunität *New Jerusalem* in Cincinnati und sagte mir damals, dass er sich nach einer Kommunität und engeren Beziehungen sehne. Mir wurde klar, dass dies ein leidenschaftliches Bedürfnis für ihn war. Ab und zu machten wir miteinander Spaziergänge in der näheren Umgebung der Arbeitersiedlung, in der die Kommunität sich eingerichtet hatte. Er unterhielt mich ständig (anders kann ich das kaum richtig ausdrücken) mit seiner endlosen Neugier bezüglich des geistlichen Lebens, seiner extremen Verletzlichkeit und seiner demütigen Sorge um die Menschen.

Henri hungerte nach tiefgehender Beziehung und ich glaube, dass das Knüpfen von persönlichen Beziehungen tatsächlich seine besondere Gabe war. Er verstand das Authentische vom nicht Authentischen zu unterscheiden und war darauf aus, ein Heiler des nicht Authentischen zu sein. Das war genau das, womit er uns alle so beschenkte!

Als ich 1986 nach New Mexico zog, um dort das *Center for Action and Contemplation* zu gründen, schrieb Henri mir einen sehr hilfreichen Brief und ermutigte mich dazu, „nichts anderes als Kontemplation zu lehren"! Er empfahl mir sogar, mich gründlich in die Schriften von Eknath Easwaran zu vertiefen. Das zeigte mir die Tiefe seines christlichen Glaubens, den er nicht von einem Lehrer, der überzeugter indischer Hindu war, bedroht sah. Zugleich merkte ich, dass er als Katholik, der er war, die authentische kontemplative Lehre wertschätzte, woher immer sie auch kommen mochte.

Weil ich auf ihn als weisen und tiefgläubigen Älteren aufblickte, versuchte ich immer wieder einmal, mir von ihm irgendwelche freie spirituelle Anleitung geben zu lassen. Dabei merkte ich schon nach wenigen Minuten, dass er meine Fragen niemals wirklich beantwortete, sondern es immer irgendwie fertigbrachte, den Spieß umzudrehen und mich zu seinem geistlichen Begleiter zu machen! Ich war mir nie ganz sicher, ob das seinerseits auf Demut beruhte oder eher auf einer Art von unbewusstem Bedürfnis nach Gegenseitigkeit. Aber ich kam zum Schluss, dass es sich dabei um eine völlig aufrichtige geistliche Suche handelte und er meine Einsichten genauso sehr wertschätzte wie seine eigenen. Ich wusste zwar, dass er ein geistlicher Schriftsteller war, aber er war zugleich auch ein geistlich Suchender und Gläubiger – immer voller Sehnsucht nach mehr Weisheit und mehr Liebesfähigkeit.

Als er erfuhr, dass ich angefangen hatte, Männern Unterricht in Spiritualität zu geben, schrieb er mir und ermutigte mich diesbezüglich sehr. Er empfahl auch einer ganzen Anzahl von Künstlern, sie sollten unbedingt Bilder malen, die sich heilend auf ihre so häufig zerbrochenen Vater-Sohn-Beziehungen auswirken könnten. Er wusste, dass es für den Beginn eines Heilungsprozesses oft hilfreich war, sich anschauliche Bilder vorzustellen. Zumindest ein Ikonenmaler, der Franziskaner Robert Lentz, hielt sich an seinen Rat und malte Johannes (den „Jünger, den Jesus liebte"), der seinen Kopf an die Brust Jesu legt. Henri gefiel das und er schilderte mir und anderen recht ehrlich seine komplizierte Beziehung mit seinem eigenen Vater.

Alles in allem und soweit ich das aus meiner einfachen Sicht sagen kann, waren Henri Nouwens besondere Gaben die folgenden: *Er war ein sehr verletzlicher Mensch; er verfügte über eine unbekümmerte Ehrlichkeit; und diese ver-*

schaffte ihm eine heilende Kraft. Als die Bezeichnung für die meisten von uns prägte er den Begriff vom „verwundeten Heiler" und lebte das als solcher selbst auf beispielhafte Weise. Er genoss es, ziemlich bekannt zu sein, und war sich dieses Paradoxes durchaus bewusst. Ich entsinne mich daran, dass er mir einmal im Ton aufrichtiger Verletztheit sagte: „Meine eigene Familie in den Niederlanden liest meine Bücher nicht, ja will sie nicht einmal kennen!" Aber dann pflegte er auch gleich darüber zu lachen, dass er so etwas gesagt hatte.

Vielleicht könnte man sagen, dass Henri den Schatten des Menschen in das gesamte Thema der Spiritualität mit einbezogen hat, so ähnlich, wie das auch Franz von Assisi und Thérèse von Lisieux getan haben, aber mit mehr psychologischem Scharfsinn. Das eröffnete ihm viel praktische Einsicht in die Natur der Liebe und jeglicher Beziehung und insbesondere der Gottesliebe. Wir Christen hatten es uns angewöhnt, das Schatten-Ich „Sünde" zu nennen und es vielleicht allzu schnell als solches zu beichten, wurden dann aber unfähig, etwas von ihm zu lernen. Henri „beichtete" sicher den ihm nahen Menschen seine Sünden und Fehler – aber erst, nachdem er deren Stachel, deren Struktur, deren Wahrheit und deren immer verfügbare Weisheit verspürt hatte. Diese aufrichtigen Geständnisse scheinen ihn zum Mitgefühl mit anderen geführt zu haben.

Mit all dem und wegen all dem erwies Henri sich als großartiger christlicher Lehrmeister, der ganz sicher den Test der Zeit bestehen wird. Sie, die Leserinnen und Leser, werden jetzt mit diesem Buch in den Genuss seiner mühsam erworbenen Weisheit kommen.

Er wird Ihnen bald zum Freund werden, falls er das noch nicht sein sollte.

Fr. Richard Rohr, O.F.M.
Center for Action and Contemplation
Albuquerque, New Mexico, USA

EINFÜHRUNG

Folgen Sie Jesus nach? Ich möchte Sie dazu auffordern, sich selbst genauer anzusehen und diese Frage selbst zu stellen.

Sind Sie ein Nachfolger, eine Nachfolgerin? Bin ich es?

Oft sind wir mehr Wanderer als Nachfolger. Ich sage das von mir selbst, aber es gilt auch für Sie. Wir sind Menschen, die ziemlich viel herumrennen, vieles tun, viele andere Menschen treffen, bei vielen Ereignissen dabei sein wollen, viele Bücher lesen. Wir sind in eine Menge verwickelt. Wir erfahren das Leben als unzählige Sachen. Wir gehen hierhin und dorthin, tun dieses und jenes, reden mit diesem, reden mit jener, haben dieses zu tun und jenes zu erledigen. Zuweilen fragen wir uns, wie wir das alles überhaupt fertigbringen. Wenn wir uns hinsetzen und darüber nachdenken, so merken wir, dass wir oft von einer Notwendigkeit zur anderen rennen. Wir sind ja so beschäftigt und in so vieles verwickelt. Fragt uns aber jemand, womit wir derart beschäftigt sind, können wir das gar nicht genau erklären.

Menschen, die ständig vom einen zum andern hasten, haben das Gefühl, dass sie mehr gelebt werden, als wirklich selbst zu leben, und das macht sie sehr müde. Das ist für viele Menschen ein Problem.

Das liegt nicht nur daran, dass wir vieles tun, sondern dass wir uns dabei fragen, ob da eigentlich überhaupt etwas geschieht. Es wirkt ja zuweilen so, als hätten wir wie ein Jongleur alle diese Bälle in die Luft geworfen und fragen uns nun, wie wir sie oben halten können. Das ist sehr ermüdend, ja erschöpfend.

Manche Menschen machen schließlich Halt und lassen alles bleiben. Sie sagen: „Das hat jetzt fünf Jahre lang gedauert und trotzdem hat es nichts gebracht." Sie sitzen da und tun nichts mehr. Nichts regt sie mehr auf. Sie haben am Leben kein wirkliches Interesse mehr. Sie sitzen bloß noch vor dem Fernseher, lesen Comics und schlafen die meiste Zeit. Sie haben keinen Rhythmus mehr, keine Bewegung, keine Spannung. Zuweilen bietet sich die Flucht mittels Alkohol, Drogen oder Sex an, aber nichts fasziniert sie mehr. Nichts verschafft ihnen Energie.

„Was möchtest du tun?" – „Ist mir egal."

„Möchtest du ins Kino gehen?" – „Ist mir egal."

Früher sind sie umhergeschweift – jetzt sitzen sie nur noch da. Diese Menschen sind zugleich recht müde. Sie sind richtig erschöpft. Diese beiden Menschentypen, die

Herumrenner und die bloß noch Herumsitzer, bewegen sich nirgendwo mehr hin.

In jedem von uns steckt ein Stück Wanderer und ein Stück von der Art Mensch, der bloß noch herumsitzt. Wenn Sie auf diese Welt blicken, denken Sie vielleicht: „Ich bin so müde. In dieser Welt gibt es so viel Müdigkeit, so viel Erfahrung des Schweren, dass ich mich zuweilen als Wanderer empfinde und zuweilen als Herumsitzer." In diese unsere zutiefst müde gewordene Welt schickt Gott Jesus, der uns mit der Stimme der Liebe ansprechen soll. Jesus sagt: „Folge mir nach. Lauf nicht bloß dauernd herum. Folge mir nach. Sitz nicht bloß hier herum. Folge mir nach."

Die Stimme der Liebe ist die Stimme, die unserem Leben eine völlig neue Form geben kann, so dass aus einem Leben des bloßen Herumwanderns oder bloßen Herumsitzens ein Leben werden kann, das konzentriert ist und einen Punkt findet, den es ansteuern kann.

„Folge mir nach." Manche von uns haben diese Stimme vielleicht schon gehört.

Andere nicht. Sobald wir die Stimme hören, die uns zur Nachfolge aufruft, ergibt oft alles wieder Sinn. Statt uns in viele verschiedene Richtungen hinaus zu bewegen, haben wir plötzlich ein Ziel. Wir wissen, wohin wir gehen. Wir haben nur noch eine Sorge. Plötzlich vergeht diese abgründige Langeweile, die wir erlebt haben, weil wir die Stimme der Liebe vernommen haben.

Wenn wir kein Ziel haben; wenn wir niemanden haben, dem wir folgen können, sind wir hohle Menschen. Ja, das sind wir dann! Aber wenn wir entdecken, dass es eine Stimme der Liebe gibt, die uns ruft und zu uns sagt: „Folge mir nach!“, wird alles anders. Das Leben, das so öde erschien, so langweilig, so ermüdend, wird jäh zu einem Leben mit einer Richtung.

Dann sagen wir vielleicht zu uns selbst: „Jetzt weiß ich, warum ich lebe!“

Dieses Buch hier wurde geschrieben, um Ihnen und mir zu helfen, diese Stimme der Liebe zu vernehmen, diese Stimme, die Ihnen ins Ohr flüstert: „Folge mir nach!“

Was ich vorhabe, ist, uns vom rastlosen Herumwandern weg und zum frohen Nachfolgen hin zu führen; weg davon, gelangweilte Menschen zu sein, die bloß herumsitzen und nichts dafür tun, aufgeweckt zu werden, weil wir eine Stimme gehört haben.

Diese Stimme ist nicht von der Art, dass sie sich uns aufdrängen möchte. Es ist eine Stimme der Liebe, und die Liebe drängt nicht und zieht nicht mit Gewalt. Die Liebe ist sehr einfühlsam.

Im Alten Testament gibt es die wunderbare Geschichte, dass ein Prophet am Eingang einer Höhle steht und der Herr davor vorbeizieht. Es donnert, und der Herr ist nicht im Donner. Die Erde bebt, und der Herr ist nicht im Erdbeben. Ein Feuer zieht vorüber, und der Herr ist nicht im

Feuer. Dann ist eine leise, zarte Stimme zu hören, und in dieser Stimme ist der Herr (siehe 1. Könige 19,11–13).

Diese Stimme ist sehr zart. Sie kann sehr still sein. Zuweilen kann man sie kaum hören. Aber diese Stimme der Liebe ist bereits in dir. Vielleicht hast du sie sogar schon einmal gehört.

Fange damit an, auf diese Stimme zu hören. Werde still und verbringe einige Zeit mit dem Versuch, sie zu hören.

Horche. Sie sagt: „Ich liebe dich" und ruft dich bei deinem Namen.

Sie sagt: „Komm, komm. Folge mir nach."

Lieber Gott,

sei heute bei mir. Horche auf mein Verwirrtsein und hilf mir zu erkennen, wie ich mit ihm leben kann. Ich kenne die Worte nicht. Ich kenne den Weg nicht. Zeig mir den Weg. Du bist ein stiller Gott. Hilf mir, in einer lauten Welt auf deine Stimme zu hören. Ich weiß, dass du der Friede bist. Ich weiß, dass du die Freude bist. Hilf mir, ein friedlicher und froher Mensch zu sein. Das sind die Früchte des Lebens ganz in deiner Nähe. Bring mich dir ganz nahe, lieber Herr.

Amen.

KAPITEL EINS

DIE EINLADUNG

„Komm und sieh"

Als Johannes der Täufer mit zwei seiner Jünger am Jordan stand, kam Jesus vorbei. Johannes blickte ihn scharf an und sagte: „Seht, da ist das Lamm Gottes." Die zwei Jünger, die das hörten, folgten Jesus. Jesus wandte sich um, sah sie ihm nachfolgen und sagte: „Was wollt ihr hier?" Sie erwiderten: „Rabbi [was „Lehrer" heißt], wo wohnst du? Er gab ihnen zur Antwort: „Kommt und seht!" So gingen sie mit ihm, sahen, wo er wohnte, und blieben den Rest des Tages bei ihm. Das war ungefähr zur zehnten Stunde.

Johannes 1,35–39

Stell dir vor, du bist für einen Augenblick in dieser Geschichte dabei. Stell dir vor, du stehst da vor Johannes dem Täufer. Er ist ein energischer Mensch. Stell ihn dir in seinem Kamelhaarmantel vor. Er ist anders als alle andern. Er sagt mit strenger Stimme: „Tut Buße! Tut Buße! Ihr seid ein sündiges Volk. Tut Buße! Tut Buße! Tut Buße!“

Die Leute stehen da und hören das. Sie haben irgendwie das Gefühl, dass in ihrem Leben etwas fehlt. Sie spüren irgendwie, dass sie mit allem möglichen beschäftigt und deshalb erschöpft sind – oder dass sie bloß untätig herumsitzen und nie etwas Entscheidendes passiert.

Sie gehen zu diesem eigenartigen Menschen – diesem wilden Mann – und hören ihm zu. Johannes und Andreas, zwei der Jünger von Johannes, stehen bei ihm. Eines Tages kommt Jesus vorbei. Johannes blickt ihn scharf an und sagt: „Das ist das Lamm Gottes, das hinwegnimmt die Sünden der Welt.“

Johannes wusste, dass seine Leute Sünder waren und der Buße bedurften, aber er wusste auch, dass er die Sünden dieser Menschen nicht wegnehmen konnte; dass das Wegnehmen von Sünden keine Möglichkeit des Menschen war. Er sagte nur: „Tut Buße! Tut Buße! Tut Buße!“ Aber als Jesus vorbeikam, sah Johannes ihn scharf an und sagte zu Johannes und Andreas: „Seht, *das* ist das Lamm Gottes, das hinwegnimmt die Sünden der Welt. Das ist der Gottesknecht. Er ist gekommen, um zu leiden. Das ist der, welcher gesandt wurde, das Opfer zu werden, das Lamm Gottes, sodass er eure Sünden wegnehmen kann.“

Bleibe einfach in diesem Bild.

Bleibe da, wo Johannes und Andreas sind, begierig, ein neues Leben anzufangen, mit einem neuen Konzentrationspunkt, einem Neuanfang, einem neuen Herzen, einer neuen Seele. Diese zwei jungen Männer fangen an, Jesus nachzufolgen, und Jesus dreht sich um, sieht sie ihm nachfolgen und sagt: „Was wollt ihr?“ Und was sagen sie? Sagen sie: „Herr, wir möchten deine Anhänger sein“, „Herr, wir möchten deinen Willen tun“, „Herr, wir möchten, dass du unsere Sünden hinwegnimmst“? Sie sagen nichts von alledem! Stattdessen fragen sie ihn: „Wo wohnst du?“

Wir hören hier irgendwie gleich zu Anfang dieser Geschichte die sehr wichtige Frage: „Wo wohnst du? Was ist dein Platz? Wie fühlt es sich an, bei dir zu sein?“

Jesus sagt: „Kommt und seht.“

Er sagt nicht: „Kommt in meine Welt.“ Er sagt nicht: „Kommt, ich will euch ändern.“ Er sagt nicht: „Werdet meine Jünger“, „Hört auf mich“, „Tut, was ich euch sage“, „Nehmt euer Kreuz auf euch.“ Nein. Er sagt: „Kommt und seht. Seht euch um. Lernt mich kennen.“ Das ist die Einladung.

Sie blieben bei ihm. Sie gingen und sahen, wo er lebte, und blieben den Rest des Tages bei ihm. Johannes sagt, das sei ungefähr zur zehnten Stunde gewesen, also etwa um vier Uhr nachmittags.

Jesus lud sie ein und sie kamen zu ihm und sie wohnten bei ihm. Sie begaben sich freiwillig an seinen Platz. Sie sahen einen ganz anderen Menschen als Johannes den Täufer, der laut ausrief: „Tut Buße, tut Buße, tut Buße! Die Zeit ist angebrochen!“ Stattdessen sagte Jesus bloß: „Kommt und seht, wo ich lebe.“

Sie sahen Jesus, das Lamm Gottes. Den demütigen Knecht. Arm, sanftmütig, warm, Frieden stiftend, reinen Herzens. Sie sahen ihn. Schon damals. Sie sahen das Lamm Gottes.

Das ist alles sehr behutsam. Man spürt eine Zärtlichkeit, eine Demut.

„Kommt und seht.“

„Sie blieben den Rest des Tages bei ihm.“

Jesus lädt sie ein, sich einfach bloß umzusehen.

Sei da. Sieh dir mit den Augen deines Herzens diese Geschichte an, die du gehört hast.

Wir sind eingeladen

Jesus spricht die Einladung aus, ins Haus Gottes zu kommen. Das ist eine Einladung dazu, Gottes Wohnort zu betreten.

Das ist keine Einladung mit barschen Aufforderungen. Es ist die Geschichte vom Lamm Gottes, das zu uns sagt: „Komm. Komm in mein Haus. Sieh dich um. Fürchte dich nicht.“ Lange vor seinem radikalen Aufruf, alles hinter sich zu lassen, sagt Jesus: „Kommt und seht, wo ich bin.“

Jesus ist ein Gastgeber, der sich wünscht, dass wir um ihn sind. Jesus ist der Gute Hirte des Alten Testaments, der sein Volk an seinen Tisch einlädt, auf dem der Becher des Lebens überfließt.

Dieses Bild, dass Gott uns in sein Haus einlädt, findet sich in der gesamten Heiligen Schrift.

Der Herr ist mein Haus. Der Herr ist meine Zufluchtsstätte. Der Herr ist die Decke über mir.

Der Herr ist meine Zuflucht. Der Herr ist mein Zelt. Der Herr ist mein Tempel. Der Herr ist mein Wohnort. Der Herr ist mein Heim. Der Herr ist die Stätte, an der ich alle Tage meines Lebens leben möchte.

Gott möchte unser Raum sein, unser Haus. Er möchte, dass wir alles haben, das uns das Gefühl gibt, daheim zu sein. Er ist wie ein Vogel, der uns unter seinen Flügeln birgt. Er ist wie eine schwangere Frau, die uns in ihrem Schoß trägt. Er, sie ist die grenzenlose Mutter, die liebevolle Gastgeberin, der umsichtige Vater, der fürsorgliche Beschützer, der uns einlädt, bei ihm zu sein.

Das gibt das Gefühl, in einem sicheren Bereich zu sein, worin alles gut ist. In unserer gefährlichen Welt voller Gewalttätigkeit, Chaos und Vernichtung gibt es diesen Ort, an dem wir sein möchten. Wir möchten im Haus Gottes sein – um uns sicher zu fühlen, umarmt, geliebt, versorgt. Wir sagen mit dem Psalmisten: „Wo anders möchte mein Herz denn verweilen als im Hause des Herrn?“ (vgl. Psalm 84 und 27).

Da gewinnt das Wort „Heim“ an Bedeutung. Jesus sagt: „Ich gehe ins Haus meines Vaters, um für euch ein Heim zu bereiten, denn im Haus meines Vaters gibt es viele Wohnungen“ (Johannes 14,2). Jesus spricht da von diesem großen Heim, diesem Haus, worin uns ein Festmahl erwartet und der Kelch überfließend ist, und worin das Leben ein einziges großes Fest ist.

Das Johannesevangelium beginnt mit einer unglaublichen Vision dieses Heims. „Im Anfang war das Wort, und das Wort war mit Gott, und das Wort war Gott, und im Wort war alles, was geschaffen war, und das Wort ist Fleisch geworden und hat sein Zelt unter uns aufgeschlagen“ (vgl. Johannes 1,1–3.14). „Heim“ ist das, worum es bei der Inkarnation geht. Wer im Evangelium liest, hört Jesus sprechen: „Ich habe mein Heim in euch eingerichtet, und so könnt ihr euer Heim in mir einrichten“ (vgl. Johannes 15,4–8). Diese Vision vom Haus Gottes geht tiefer und immer noch tiefer. Plötzlich verschmelzen alle diese Bilder ineinander und uns geht auf, dass wir Gottes Heim sind und dazu eingeladen sind, unser Heim dort einzurichten, wo Gott Gottes Heim eingerichtet hat. Uns geht auf, dass genau da, wo wir sind, genau hier in diesem Körper, mit diesem Gesicht, mit diesen Händen, mit diesem Herzen, wir der Ort sind, an dem Gott wohnen kann.

Hören wir sorgfältig hin: Jesus möchte, dass du und ich Teil der intimen Familie Gottes werden. „Wie mich der Vater liebt, so liebe ich euch“ (Johannes 15,9). Jesus sagt: „Ihr seid nicht mehr Sklaven, Fremde oder Außenseiter; nein, ihr seid Freunde, weil alles, was ich von meinem Vater gehört habe, euer ist, alle die Werke die ich tue, ihr tun könnt, und sogar noch größere. Ich bin nicht der ganz Große und ihr die ganz Kleinen – nein: Alles, was ich tun kann, das könnt auch ihr tun“ (vgl. Johannes 15,15–16).

Die intime Beziehung zwischen Vater und Sohn hat einen Namen. Sie ist Geist, Heiliger Geist. „Ich will, dass ihr meinen Geist habt." „Geist" bedeutet „Atem". Dieser Begriff stammt vom antiken griechischen Begriff *pneuma*. „Ich will, dass ihr meinen Atem habt. Ich will, dass ihr an diesem innersten Bereich meiner selbst Anteil habt, sodass die Beziehung zwischen euch und Gott die gleiche ist wie die zwischen mir und Gott, und das ist eine göttliche Beziehung."

Ihr sollt mit eurem Herzen hören, dass ihr eingeladen seid, in der Familie Gottes zu wohnen. Ihr seid eingeladen, ab sofort Teil dieser tief innerlichen Kommunion zu sein.

Geistlich zu leben heißt, Teil der Familie Gottes zu sein.

Wenn wir sagen: „Ich sage dies im Namen Jesu" oder: „Ich tue das im Namen Jesu", so meinen wir damit wirklich: „Ich tue das ausgehend von Gott." Heutzutage meinen viele Menschen, dass dann, wenn wir etwas im Namen Jesu tun, wir dies tun, weil Jesus nicht da ist und wir das also als seine Stellvertreter, seine Repräsentanten tun. Aber das ist damit nicht gemeint. Im Namen Jesu zu sprechen, uns auf den Namen Jesu zu berufen, im Namen Jesu zu handeln heißt, dass dieser Name da ist, wo ich bin. Wo bist du? „Ich lebe in diesem Namen und das ist dort, wo ich wohne; dort, wo mein Wohnort ist." Wenn du erst einmal dort lebst, kannst du in die ganze Welt hinausgehen, ohne diesen Ort jemals zu verlassen.

Außerhalb dieses Orts, außerhalb des Herzens Jesu sind alle unsere Worte und alle unsere Gedanken so gut wie nichts. Was immer du tust, verlass dabei nie diesen Ort, denn nur an diesem Ort bist du in Gott. Nur von diesem Ort her kommt die Erlösung, und es ist Erlösung, was wir in diese unsere Welt hineinbringen müssen.

Die Einladung lautet: „Komm und sieh den Ort Gottes." Anfangs meinen wir, das sei einfach sein Heim, sein physischer Platz, aber im Johannesevangelium wird das so entwickelt, dass Johannes uns zeigt, dass der Ort Gottes das Innenleben Gottes selbst ist – des Vaters, Sohnes und Heiligen Geistes, die eine Liebesfamilie bilden, in die hinein wir eingeladen sind. Die Nachfolge Jesu ist der Weg zum Eintritt in diese Liebesfamilie.

Wir müssen Jesus nicht nachfolgen. Zuerst ist da die Einladung: „Komm, komm. Komm und sieh!"

Welche Antwort geben wir?

Hinhören

Wir lassen uns auf die Einladung Jesu ein, indem wir auf Menschen wie Johannes den Täufer *hören*. Hätte Johannes nicht gesagt: „Seht! Das ist das Lamm Gottes", hätten Johannes und Andreas ihn womöglich gar nicht kennengelernt. Diese Erzählung aus dem Evangelium zeigt, dass wir auf jemanden hören müssen, der uns auf Jesus verweist. Wir finden Jesus nicht von uns aus.

Dieser Mensch mag nicht aufregend, attraktiv oder leicht zugänglich sein. Der Mensch, der auf Jesus zeigt, mag uns gewaltig auf den Wecker gehen, und zwar wegen unserer Vorurteile. Womöglich kommt uns eine Abneigung gegen ihn und wir sagen: „Seht doch, wie der sich anzieht", oder: „Ich mag diese Art Leute nicht, die dauernd von Jesus reden."

Ich möchte dich darauf aufmerksam machen, dass wir auf diese Menschen hören müssen, auch wenn sie nicht unbedingt von der Art sind, dass sie gleich unsere Sympathie haben. Vielleicht sind sie zu arm. Oder sie sind zu reich. Oder sie haben einen seltsamen Akzent. Oder sie sprechen eine andere Sprache. Irgendeinen Grund gibt es immer, zu sagen: „Na ja, die haben ihre eigenen Probleme."

Aber immerhin: Sie zeigen auf Jesus.

Wir haben es notwendig, Menschen zuzuhören, die anzuhören uns nicht unbedingt leichtfällt. Das können eine recht einfache Frau, ein recht einfacher Mann sein, die uns die Frage stellen: „Liebst du Jesus?" Sag dann: „Komm her. Worum geht's?" Hör dann gut zu. Bleib aufmerksam.

Es könnte auch ein sehr mächtiger Mensch sein, der von Jesus spricht, womöglich sogar der Papst selbst, und du könntest sagen: „Na ja, du tust dich leicht, im Vatikan zu leben, mit all dem Aufwand um dich herum." Aber darum geht es nicht. Hör hin.

Es könnte auch ein recht ungewöhnlicher Mensch sein, der sich nicht an alle Regeln hält. Aber sei aufmerksam, wenn dich jemand auffordert, „Jesus nachzufolgen". Nimm diese Stimme sehr ernst.

„Sieh hin! Sieh das Lamm Gottes!"

Wir können tausend Argumente dafür anführen, nicht hinzusehen, nicht zuzuhören. Aber pass gut auf.

Horche.

Wenn du das nicht tust, findest du Jesus womöglich nie. Diejenigen, die auf Jesus zeigen, zeigen von sich selbst weg. Nimm das ernst.

Im Alten Testament wird erzählt, dass Samuel im Tempel schlief und der Herr ihn anrief: „Samuel, Samuel!" Da ging er zum Priester Eli und sagte: „Ich höre immer diese Stimme!" Zuerst sagte Eli: „Geh wieder ins Bett." Aber schließlich ging Eli auf, dass Gott den Jungen rief, und er sagte zu ihm: „Gott spricht zu dir." Später, als Samuel wieder diese Stimme hörte, gab er zur Antwort: „Herr, hier bin ich. Dein Diener hört" (1. Samuel 3,1–9). Ohne Eli hätte Samuel nicht erkannt, dass Gott zu ihm sprach. Ohne Johannes den Täufer hätten Johannes und Andreas nicht auf Jesus geschaut.

Wir müssen auf die Menschen in unserem Leben hören, sogar auf die gebrochenen, und sie sehr ernst nehmen.

Fragen

Nach dem Hören müssen wir *Fragen stellen.*

Johannes und Andreas fragen: „Wo wohnst du?" Es ist sehr wichtig, dass wir wissen wollen, wer Jesus ist, wenn wir ihm folgen wollen; dass wir ihm *wirklich* folgen wollen.

„Herr, wo wohnst du? Wir möchten bei dir sein. Wir möchten dich genauer kennenlernen."

Wir müssen Fragen stellen. Ich muss Fragen stellen.

Hör nicht auf, immer wieder Fragen zu stellen.

„Herr, wie ist das, bei dir zu sein? Ich möchte dir nachfolgen, aber ich bin mir dessen nicht ganz sicher."

Frag immer wieder.

„Ich habe Menschen Dinge tun sehen, die ich wirklich nicht mag. Zeig mir, wie du bist, damit ich das selbst sehen kann. Zeig es mir. Wo wohnst du?"

An diesem Punkt setzt unser Gebet an. Unsere Gebete fangen an, wenn wir sprechen: „Herr, gib mir ein Gefühl dafür, wer du bist. Manche sagen dieses über dich, andere jenes, aber ich möchte selbst spüren, wer du für mich bist."

Scheue dich nicht, so zu fragen.

Jesus sagt: „Ich nenne euch nicht mehr Knechte, sondern ich nenne euch Freunde, weil ich euch alles sage" (Johannes 15,15). Wir müssen beten, um das zu verstehen. Bete: „Herr, ich möchte dich kennenlernen. Lass mich spüren, wer du bist, damit ich auf Grund dieser Erfahrung sprechen kann." Halten wir uns den Evangelisten Johannes vor Augen, der gesagt hat: „Wir haben ihn mit unseren eigenen Augen gesehen, mit unseren eigenen Ohren gehört und mit unseren eigenen Händen berührt" (1. Johannes 1,1). Das wünsche ich mir für uns: Dass wir von dem sprechen wollen, was wir gesehen und was wir gehört haben.

Wohnen

Die dritte Reaktion auf die Einladung ist die, bei Jesus zu *wohnen*. „Sie gingen also mit und sahen, wo er wohnte, und blieben jenen Tag bei ihm; es war ungefähr die zehnte Stunde“ (vier Uhr nachmittags, Johannes 1,39).

Um Jesus nachzufolgen, muss man bereit sein, sich zu sagen: „Diese halbe Stunde will ich jetzt bei Jesus wohnen. Ich weiß, dass ich zerstreut sein werde. Ich weiß, dass mir hundert Gedanken kommen und unzählige Einfälle, was ich alles tun müsste. Aber ich weiß, dass du mich liebst und einlädst, auch wenn ich zerstreut und ängstlich bin. Ich will jetzt einfach bei dir wohnen.“

Sei bei ihm und horche auf ihn. Höre den Einen, der dich einlädt. Sei still. Sei wie ein Kind, das mit seiner Mutter und seinem Vater im Haus wohnt. Wohne einfach. Spiele herum. Sei da. Jeden Tag eine halbe Stunde. Sei einfach bloß da. Sitze da und tu nichts. Vergeude Zeit mit Jesus. So verhält sich Liebe. Die Liebe möchte immer bei dem sein, der sie liebt und den sie liebt. Da möchtest du sein. Genieße es. „Jesus, es tut so gut, hier bei dir zu sein“ (vgl. Markus 9,5).

Wir merken dann langsam, dass wir uns im Herrn ein Haus einrichten und in seinem Haus nicht nur während einer halben Stunde sind, sondern den ganzen Tag lang. Wir sind immer im Haus des Herrn. Wo immer wir sind und was immer wir tun – wir sind da, wo der Herr ist. Wir sind bereits bei ihm daheim.

Sogar wenn wir auf dem Weg zu unserem Haus sind, sind wir daheim.

Sag nicht: „Ich habe zu viel zu tun“, sondern: „Ich habe Besseres zu tun.“ Bete und entdecke, was kommt. Wir können in dieser feindseligen, dem ständigen Wettbewerb ausgelieferten Welt leben und daheim sein.

Horche, frage und wohne – und du wirst langsam in Jesus hineinwachsen.

Jesus nachzufolgen ist etwas anderes, als sich einer bekannten Persönlichkeit oder einer Bewegung anzuschließen.

Was ich damit sagen will?

Recht viele Menschen fühlen sich „angezogen von", „verführt von" oder „einbezogen in" Dinge oder Menschen. Genau das ist Heldenverehrung. Wir fühlen uns von Sängern und Filmstars angezogen. Diese Menschen haben die Macht, uns zu einer anderen Welt hin zu verführen, und wir werden dabei in gewisser Hinsicht passiv zu all dem hingezogen. Das hat nichts mit Nachfolge zu tun. Die Menschen mögen der Meinung sein, das sei Nachfolge – so wie man einem Volkshelden nachfolgt –, aber das ist nicht die Art von Nachfolge, von der Jesus spricht.

Wir werden auch nicht dadurch Nachfolger, dass wir uns von Bewegungen anziehen lassen, und seien es gute. Ich werde oft gefragt: „Was bietest du derzeit an? Bist du als Berater tätig, machst du Urschrei-Therapie, Psychosynthese, außersinnliche Wahrnehmung, intellektuelle Analyse? Oder was sonst?" Von diesen Bewegungen können wir etwas lernen und wir fühlen uns zu ihnen hingezogen, aber das, wovon das Evangelium spricht, ist etwas völlig anderes. Der Weg des geistlichen Lebens unterscheidet sich grundlegend davon, sich von der Verehrung irgendeines Helden „anziehen" zu lassen oder sich einer recht guten Bewegung anzuschließen.

Es gibt ja alle möglichen Arten von interessanten Bewegungen: Heilungs-Bewegungen, therapeutische Bewegungen und so weiter. Ich habe mich vielen von ihnen schon einmal angeschlossen. Aber typisch für alle diese anderen Formen der Anhängerschaft ist, dass sie gewöhnlich auf „mich" konzentriert sind. Wenn man von einer Heldenverehrung angezogen wird, merkt man, dass man sich nach einem Ersatz-Ich umsieht.

Ich habe mich einmal mit Freunden unterhalten, die vor Jahren zu einem Konzert der *Beatles* gegangen waren, und sie erzählten mir, wie leicht es da gewesen sei, seine eigene Identität an diese Jungs aus Liverpool zu verlieren. Meine Freunde wurden damals total mitgerissen. Sie waren nicht mehr hier, sondern sich selbst entrückt. Sie waren auf gewisse Weise mit der Musik und diesen jungen Leuten verschmolzen.

Wenn wir uns diesen Bewegungen anschließen, sind wir gewöhnlich auf eine innere Harmonie aus, auf die heilsame Lösung irgendeines Schmerzes. Wir erhoffen uns von dieser oder jener Bewegung mehr emotionale Ausgewogenheit oder ein neues innerliches Einssein.

Aber wenn Jesus sagt: „Folgt mir nach", passiert etwas ganz anderes. Wir lassen uns dann auf eine ganz andere Art der Anhängerschaft ein, denn sie beruht auf einem Ruf weg vom „Ich" und hin zu Gott. Das ist ein Aufruf, Gott in unsere eigene Wesensmitte herein einzuladen. Er ist Ausdruck der Bereitschaft, das eigene „Ich" loszulassen und nach und nach sprechen zu können: „Einzig du, o Herr, bist mir wichtig."

Hier geht es überhaupt nicht darum, das eigene Ich zu erkunden, sondern um das Leerwerden und Loslassen des eigenen Ichs, um Raum für eine ganz neue Seinsweise zu schaffen, die von Gott her kommt. Das Leben Jesu war ein zunehmendes Aufgeben seiner selbst, so dass ganz und gar Gott in die Mitte kommen konnte. Darum ging es bei seiner Kreuzigung. Wenn Jesus sagt: „Folge mir nach", will er sagen: „Verlass diesen Platz deines Ichs. Verlass Mutter, Vater, Bruder, Schwester, Haus, familiäre Besitztümer. Verlass die ‚Ich'-Welt – meine Mutter, meinen Bruder, meine Schwester, meine Besitztümer, meine Welt – und folge mir nach."

Jesus sagt: „Verlass all das." Verlass es, damit Gott in die Mitte kommen kann.

Wir werden eingeladen, unseren vertrauten Platz zu verlassen und Gott zu finden. Wir werden eingeladen, Gott zu finden und darauf zu vertrauen, dass wir in Gott entdecken, wer wir in Wirklichkeit sind. Die Betonung liegt nicht auf dem „Ich", sondern auf Gott.

Jesus nachzufolgen heißt, sich auf den Einen zu konzentrieren, der uns ruft, und nach und nach im Vertrauen zu wachsen, dass wir unsere uns vertraute Welt loslassen können und etwas Neues kommen wird.

Wir werden neue Menschen werden!

Wir werden einen neuen Namen bekommen!

Abram ließ sich auf Gottes Ruf ein und wurde zu Abraham. Saul folgte Jesus nach und wurde zu Paulus. Simon folgte Jesus nach und wurde Petrus. Petrus verließ seine eigene alte Welt, trat in Gottes Welt ein und fand heraus, wer er in Gott wirklich war.

Wie lautet dein neuer Name? Wie meiner?

Herr Jesus,

hilf mir in diesem Augenblick, alles beiseite zu lassen, was mich heute beschäftigt hat. Nimm mir die vielen Ängste, die um mich toben. Nimm mir meine vielen Gefühle der Unsicherheit und des schwachen Selbstvertrauens und forme du mich, du Lamm Gottes. Hilf mir, tiefer in dein Schweigen einzutauchen, worin ich darauf hören kann, wie du mich rufst, und die Kraft und den Mut finden kann, dir nachzufolgen. Ich bitte dich, bei mir zu sein, wenn ich auf dein Wort höre und ein tieferes Verständnis des Geheimnisses finde, dass du mich berufst, dir nachzufolgen.

Sei jetzt und immer bei mir.

Amen.

KAPITEL ZWEI

DIE BERUFUNG

„Komm und folge mir nach“

In Lukas 5 finden wir eine Schilderung, wie Jesus seine ersten Jünger berief:

> 1 Eines Tages stand Jesus am See Gennesaret; eine
> große Menschenmenge drängte sich um ihn und
> wollte das Wort Gottes hören. 2 Da sah er zwei Boote
> am Ufer liegen. Die Fischer waren ausgestiegen und
> reinigten ihre Netze. 3 Jesus stieg in das Boot, das
> Simon gehörte, und bat ihn, ein Stück weit auf den
> See hinauszufahren. So konnte er im Boot sitzen
> und von dort aus zu den Menschen sprechen. 4
>
> Als er aufgehört hatte zu reden, wandte er sich an Simon
> und sagte: „Fahr jetzt weiter hinaus auf den See; werft
> dort eure Netze zum Fang aus!“ 5 Simon antwortete:
> „Meister, wir haben uns die ganze Nacht abgemüht und
> haben nichts gefangen. Aber weil du es sagst, will ich

die Netze auswerfen.“ 6 Das taten sie dann auch, und
sie fingen eine solche Menge Fische, dass ihre Netze zu
reißen begannen. 7 Deshalb winkten sie den Fischern im
anderen Boot, sie sollten kommen und mit anpacken.
Zusammen füllten sie die beiden Boote, bis diese
schließlich so voll waren, dass sie zu sinken drohten. 8

Als Simon Petrus das sah, warf er sich vor Jesus auf
die Knie und sagte: „Herr, geh fort von mir! Ich bin ein
sündiger Mensch.“ 9 Denn ihm und allen, die bei ihm im
Boot waren, war der Schreck in die Glieder gefahren, weil
sie solch einen Fang gemacht hatten, 10 und genauso
ging es Jakobus und Johannes, den Söhnen des Zebedäus,
die zusammen mit Simon Fischfang betrieben.

Doch Jesus sagte zu Simon: „Du brauchst dich nicht zu
fürchten. Von jetzt an wirst du ein Menschenfischer
sein.“ 11 Da zogen sie die Boote an Land, ließen
alles zurück und schlossen sich ihm an.

Lukas 5,1–11 (NGÜ)

Jesus spricht zum Volk. Es sind so viele Menschen da, dass er gar nicht alle genau sehen kann. Er bittet darum, sich in ein Boot setzen zu dürfen, um etwas Abstand zu haben, damit er all die Menschen sehen kann und auch sie ihn sehen können.

Stell dir Jesus im Boot vor. Sieh den Uferstreifen am Wasser voller Menschen. Du stehst mit der Menge am Ufer. Du hörst auf die Predigt Jesu. Worüber predigt Jesus? Wie bereits bei etlichen früheren Anlässen predigt er vom Reich Gottes. Er predigt über diese völlig neue Daseinsweise.

Jesus spricht vom Reich Gottes, worin die Armen gesegnet sind, die Sanften, die Trauernden, die Friedensstifter; worin die gesegnet sind, die nach Gerechtigkeit hungern und dürsten, die Verfolgten gesegnet sind, die Herzensreinen gesegnet sind (vgl. Matthäus 5,3–11).

Im Reich Gottes wird alles auf den Kopf gestellt. Die an den Rand Gedrängten, die für nicht achtenswert Gehaltenen werden jetzt plötzlich als die Menschen bezeichnet, die ins Reich Gottes berufen sind. Der Teil von uns, der schwach, gebrochen oder armselig ist, wird jäh zum Ansatzpunkt dafür, dass etwas Neues entstehen kann. Jesus sagt: „Bleibt in Kontakt mit eurer Gebrochenheit. Bleibt in Kontakt mit eurer Sündhaftigkeit. Richtet euch auf Gott aus, denn das Himmelreich ist nahe. Wenn ihr bereit seid, aus eurer Gebrochenheit heraus zuzuhören, kann in euch etwas Neues entstehen."

Ist diese Predigt zu Ende, so tun die Menschen das gleiche, was auch wir oft tun. Sie sagen: „Lasst uns jetzt gehen und wieder das gleiche tun wie bisher. Das können wir ja schon alles! Wir möchten mit dem weitermachen, was wir bisher getan haben." Aber Jesus sagt: „Werft eure Netze aus und fangt etwas!"

Er kehrt nicht wieder zu seinem normalen Alltagsleben zurück, worin wieder alles genauso gewesen wäre, wie es vor seiner Predigt gewesen war. Sondern ihm geht es darum, ganz konkret von der bisherigen Daseinsweise auf eine neue überzugehen. Aber die Jünger reden immer noch genauso wie vor seiner Predigt.

Auch wir reden heute noch genauso.

Zunächst sagen sie: „Jesus, hör doch, du bist kein Fischer. Du verstehst nichts vom Fischen. Du bist ein Prediger. Wir haben die ganze Nacht gefischt. Nachts sind die Fische gewöhnlich näher an der Oberfläche als tagsüber, und wenn wir schon nachts nichts fischen, können wir bei Tag erst recht nichts fischen. Ein weiterer Versuch macht nicht viel Sinn. Kannst du denn nicht unserer Einschätzung vertrauen?" Und dann setzen sie mit einer Art grollender Ablehnung hinzu: „Aber wenn du unbedingt willst, tun wir das halt."

Die Jünger antworten mit ihrer normalen Logik. Wir sehen, dass sie das die ganze Zeit tun. Bei der Geschichte mit den Broten und Fischen war es ja genauso gewesen: Da hatte es fünf Brote und zwei Fische gegeben. Jesus hatte zu seinen Jüngern gesagt: „Teilt die fünf Brote und die zwei Fische an die Menge aus." Und sie hatten zu Jesus gesagt: „Kannst du denn nicht zählen? Wie sollen wir denn mit fünf Broten und zwei Fischen alle sättigen können?" Aber Jesus hatte sie aufgefordert: „Gebt der Menge zu essen!" (siehe Markus 6,38 und Matthäus 14,17).

Jesus sagt: „Werft eure Netze aus!" Sie tun das – und sie fangen Fische! Aber interessanter Weise fangen sie nicht so viele Fische, wie sie brauchen, sondern derart viele, dass sie ganz verblüfft sind.

Mit den Broten ist es das gleiche. Jesus hatte nicht gesagt, sie sollten jedem ein kleines Stück Brot geben. Nein – es blieb sogar so viel Brot übrig, dass sie gar nicht mehr wussten, was sie damit anfangen sollten. Hier, in dieser Geschichte, sind ihre Boote so voll, dass sie ganz verblüfft sind. So viele Fische brauchten sie doch gar nicht! Sie wären schon mit einem ganz normalen Fang recht glücklich gewesen.

Jesus durchbricht die menschliche Logik. Ihm geht es um nichts Eigenes. Er versetzt die ganze Wirklichkeit in das Reich Gottes. Deswegen befinden die Jünger sich nicht mehr in der Logik der Welt, sondern sie sind in die Unlogik Gottes versetzt und befinden sich deshalb jenseits aller Logik. Sie sind in eine völlig neue Welt versetzt.

Als Petrus das schließlich begreift, sagt er nicht: „Herr, ich hatte mich getäuscht. Du verstehst ja etwas vom Fischen!“, sondern: „Herr, ich bin ein Sünder!“ Dieser Ausspruch von Petrus ist recht eindrucksvoll, denn Petrus war klar geworden, dass er dem, was da vorgegangen war, nicht getraut hatte. Er hatte den Herrn vom Himmelreich und von der neuen Weltordnung sprechen hören. Aber jetzt war ihm aufgegangen, dass er das überhaupt nicht verstanden hatte. Er hatte es nicht ganz ernst genommen. Auch Jesus hatte er nicht ganz ernst genommen. Aber als der Herr seine Logik völlig durchbricht, sagt Petrus: „Ich bin ein sündiger Mensch. Ich war nicht bereit gewesen, dir eine Chance zu geben. Ich hatte immer noch um mich selbst gekreist, nach meinen eigenen Maßstäben, und wollte weiter mein eigenes kleines Vorhaben betreiben.“

Angesichts des Reiches Gottes, und angesichts dieser neuen Wirklichkeit begreift Petrus, dass er bisher nur an sich selbst gedacht hatte. „Ich möchte eben Fische fangen. Deshalb bin ich die ganze Nacht draußen gewesen.“ Ihm geht auf, dass er alles, was er tat, nur für sich selbst tat.

Damit ist Petrus nicht allein. Die Jünger hörten die Geschichten Jesu ständig im Hinblick auf die Macht, aus der Sicht der alten Welt. Das hört man aus dem ganzen Evangelium heraus.

„Wirst du endlich die Römer aus dem ganzen Land vertreiben und hier mit Macht durchgreifen? Wirst du das bald hinbringen?“

Jesus durchbricht diese Erwartung vollständig und eröffnet eine ganz andere Welt. Er sagt: „Folgt mir nach. Fürchtet euch nicht. Ich werde euch zu Menschenfischern machen. Ich werde euch in eine völlig neue Lebens- und Daseinsweise einführen“ (Markus 1,17).

Da lassen sie alles hinter sich und folgen Jesus nach.

Wir halten uns in unserem Leben an unsere eigene Logik. Jesus möchte diese durchbrechen und eine ganz neue Daseinsweise eröffnen. Wir fürchten uns davor, dass uns das blühen könnte, und zwar deshalb, weil wir dann nicht mehr alles selbst unter Kontrolle hätten. Denn die Kontrolle über unsere Zukunft haben wir nicht mehr, wenn wir Jesus in unsere Wesensmitte hereinlassen. Wir müssten dann das Vertrauen auf eine Richtung haben, für die wir keine Begriffe haben. Jesus verwendet Worte wie „Atem“, „Leben“, „Tod“ und „Wahrheit“, versieht diese jedoch mit einem neuen Sinn. Das begreifen die Jünger nicht und es verwirrt sie. Erst viel später, als der Heilige Geist kommt, eröffnet sich ihnen der wahre Sinn dieser Begriffe.

Wir sind berufen

Jesus ruft uns auf, eine Welt voller Engstirnigkeit und engstirnige Gedanken hinter uns zu lassen und uns einer Welt der Fülle und einem Weg zuzuwenden, der Gedanken der Fülle erschließt. Die Jünger hatten eine armselige Mentalität und wir sind nicht sehr viel anders als sie. Wir sind der Auffassung, es gebe nicht genug für alle, und deswegen müssten wir sorgfältig das bewahren, was wir haben. Wir sind ängstliche Menschen. Wir sind voller Angst, und diese Angst kriecht auf alle mögliche Weisen in uns hinein.

Wir haben Angst um uns selbst. Wir haben Angst um andere. Wir haben Angst vor Gott. Die Angst ist in unserem Leben ein alles durchdringendes Element. Sie lässt uns in Begriffen der Kargheit denken, indem sie uns den Gedanken einflößt: „Das hier ist eine gefährliche Welt. Wie kann ich in ihr überleben? Es gibt nicht genug für alle. Es gibt nicht genügend Nahrung für alle. Es gibt nicht genügend Wissen für alle. Es gibt nicht genügend gegenseitige Zuneigung, aber ich will doch leben! Ich möchte mir dessen sicher sein, dass ich lebe! Ich möchte lebendig bleiben!“ Das ist eine recht übliche Reaktion in uns.

Wenn wir uns Sorgen darüber machen, dass nicht genug für alle da sei, ist unsere erste Reaktion die, dass wir zu hamstern anfangen. Wir hamstern dann Brot und Fisch, hamstern Ehre, Zuneigung, Wissen, hamstern Ideen.

Sobald wir mit Hamstern anfangen, entdecken wir überall um uns Feinde.

Es gibt immer Menschen, die sagen werden: „Du hast viel mehr als ich!“ Dann sagst du vielleicht: „Das weiß ich, aber ich brauche das für eventuelle Notlagen.“ Sie geben dann zur Antwort: „Aber ich brauche das jetzt. Ich bin jetzt hungrig.“ „Ich möchte das jetzt wissen.“ „Ich möchte das jetzt bauen.“

Wenn wir eine Mentalität der Sparsamkeit haben, fühlen wir uns von Feinden umringt, die etwas von dem haben möchten, was wir gehortet haben. Das steigert dann mehr und mehr unsere Angst, denn je mehr wir haben, desto mehr Menschen wollen etwas von unserem Überfluss abzwacken. Und je mehr Überfluss wir haben, desto mehr machen wir uns daran, um all das, was wir gehortet haben, Mauern aufzubauen.

Je höher diese Mauern werden, desto mehr Angst bekommen wir vor den Feinden, die wir uns draußen vor den Mauern vorstellen. Dann fangen wir an, Bomben zu bauen, um uns vor unseren Feinden, die wir uns einbilden, zu schützen, und dann überfällt uns die Angst vor den Bomben, die im Gegenzug unsere Feinde bauen könnten. Damit befinden wir uns in einem Gefängnis, das wir uns selbst gebaut haben, und zwar wegen einer Angst, die einer Mentalität des Knauserns entstammt. Wir bilden uns ein, dass wir nicht genug hätten.

Denken Sie darüber nach. In welchem Ausmaß hängen Sie an den Dingen?

Man kann zum Beispiel an einer Beziehung hängen. Dann sagt man sich: „Das ist *mein* Freund. Ich werde ihn nicht zusammen mit anderen einladen, denn die werden ihn womöglich mehr mögen als mich – und ich möchte doch nicht allein sein."

Damit hängt man sich an diesen Freund und lässt ihn nicht los.

Die Mentalität des Knauserns wird im Evangelium deutlich angesprochen. Jesus sagt, dass Gott ein Gott des Überflusses sei. Wo immer Jesus auftaucht, ist nicht bloß Leben, sondern Leben im Überfluss. Jesus kommt, um Leben zu bringen, und zwar Leben in Fülle. Er bringt davon sogar viel mehr mit, als wir von ihm erbitten. Jesus bietet uns immer sehr viel mehr an, als wir überhaupt von ihm erbitten. Jesus bietet uns immer etwas an, das unsere Erwartungen weit übertrifft. Die Wirklichkeit, die Jesus uns immer wieder verspricht, ist eine Wirklichkeit, die wir gar nicht erfassen können. Er spricht vom ewigen Leben, von der Wahrheit, vom Licht, vom Leben.

Die Wunder Jesu sind Zeichen einer neuen Wirklichkeit. Er sagt: „Erinnert ihr euch daran, wieviel Brot übrig geblieben war? Glaubt ihr immer noch nicht?" Jesus wird geradezu verzweifelt und sagt: „Wie kann ich euch glauben machen, dass ihr mir vertrauen könnt? Wie kann ich euch glauben machen, dass euch mit mir nichts fehlen wird?" Sogar nach seiner Auferstehung erfassen die Jünger diese neue Wirklichkeit nicht. Petrus sagt: „Kommt, gehen wir wieder fischen. Der Herr ist fort. Alles ist vorbei." Schließlich sind sie wieder draußen beim Fischen und sehen plötzlich eine Gestalt am Ufer, die ihnen zuruft: „Habt ihr etwas gefangen?" Und sie sagen: „Nein, wir haben nichts gefangen." Die Person erwidert: „Werft eure Netze auf der linken Seite aus!" Das tun sie, und sie haben plötzlich eine ganze Menge Fische. Johannes wendet sich an Petrus und sagt: „Es ist der Herr!" Da springt Petrus ins Wasser und schwimmt auf Jesus zu (Johannes 21,7).

Der Herr gibt uns mehr, als wir brauchen können. Das bewirkt, dass die Jünger schließlich sehend werden. Selbst wenn sie nicht ganz und gar verstehen können, was das alles bedeutet, sind die Zeichen derart mächtig, dass sie schließlich ihre Netze zurücklassen und Jesus nachfolgen.

Jesus nachzufolgen, so wie es in den Evangelien beschrieben wird, ist zuallererst einmal eine Einladung, dem Herrn des Überflusses nachzufolgen. Wir sind eingeladen, dem Herrn zu folgen, selbst wenn wir das ungeheure Ausmaß dieser göttlichen Gastfreundschaft noch gar nicht ermessen können.

Ich hoffe, Sie sehen, was ich sage. Die Angst ist genau das, was uns dazu führt, uns an unsere Stellungen und Besitztümer zu klammern. Sie bewirkt, dass wir uns an das klammern, was wir haben. Denn wir befürchten so sehr, dass wir verlieren, was wir haben. Die Liebe überwindet die Angst. Lieben heißt loslassen und darauf vertrauen, dass sich im Loslassen das Leben vermehrt. Das Leben nimmt zu.

„Folge mir nach. Lass deine Logik bleiben. Gib deine Denkart auf. Lass deine Ängste los und vertraue darauf, dass etwas Neues geschehen wird. Du wirst in das Reich des Überflusses, der Freude, des Friedens, der Freiheit eintreten.“ Wir sagen: „Ja, aber hör doch. Seien wir nicht zu schnell. Lasst uns zusehen, auf was wir uns da einlassen.“

Jesus sagt: „Folge mir nach. Schau auf mich. Hast du denn nicht die Fische gesehen? Hast du nicht das Brot gesehen? Du hast immer noch alle deine Vorbehalte. Du kämpfst immer noch. Du fühlst dich unglücklich. Du bist unzufrieden. Du hast Angst. Du bist in einem Gefängnis, das du dir selbst gebaut hast. Du machst dir Sorgen, und ich sage zu dir ‚Folge mir nach‘, und du hast immer noch Ausreden.“ Wir sagen: „Ich weiß nicht, ob ich loslassen kann. Ich spüre die Angst, die ich habe, und die Liebe kenne ich nicht.“

Wir kennen den Schmerz. Mit der Liebe sind wir weniger vertraut. Was tun wir dann? Wir wählen den Schmerz. Wir halten uns an unsere Wege, weil wir nicht wissen, was es bedeuten würde, sie zu verlassen. „Folge mir nach“, bedeutet: „Lass diese Ängste los.“ Jesus sagt: „Denkt an erster Stelle an das Reich Gottes. Dann werden alle anderen Dinge, um die ihr euch solche Sorgen macht, wegfallen. Warum seid ihr so besorgt? Warum seid ihr so beschäftigt? Warum habt ihr solche Angst? Ich möchte euch frei machen. Ich möchte, dass du dem Herrn folgst, in dessen Gegenwart Leben ist. Ich möchte dir Leben schenken. Wenn du dich an deine eigenen Vorstellungen hältst, machst du dir Feinde. Du bekommst Mauern. Du bekommst den Tod. Es kommt zu Zerstörung, Krieg und Gewalt. Aber ich bin der Herr des

Lebens. Entscheide dich für das Leben! Entscheide dich für mich, in dessen Gegenwart Fülle ist!“

Wie reagieren wir darauf?

Indem wir loslassen, indem wir weggeben! Fünf Brote, zwei Fische. Sie vermehren sich im Weggeben. Es reicht für alle. Das, woran wir uns klammern, wird immer weniger. Was wir weggeben, wird immer mehr. Das ist die große Unlogik. Die Armen werden das Land besitzen. Diejenigen, die weggeben, was sie haben, werden sehen, dass es sich vermehrt. Diejenigen, die sich voller Angst daran klammern, werden es direkt vor sich immer mehr schrumpfen sehen.

Das geschieht in meinem Leben. Wenn ich mich an einen Freund oder an eine Idee klammere, bin ich im Zustand der Angst und Nervosität. Warum wähle ich das? Tu etwas ganz anderes! Dann geschieht etwas. Etwas ganz und gar Neues.

Unsere Antwort auf den Aufruf, Jesus nachzufolgen, kann recht konkret werden. Sie besteht darin, kleine Schritte weg vom „Ich“ und „meinen Ängsten“ zu machen und hin zum Herrn.

Zur Nachfolge bedarf es keiner dramatischen Gesten.

Ich wundere mich über die vielen Menschen, die die großen Fragen stellen, obwohl sie die kleinen Antworten schon kennen. Manche Menschen fragen mich: „Muss ich wirklich alles hinter mir lassen und in die Mission gehen?

Verlangt Jesus das von mir?" „Muss ich wirklich meine Familie und meine berufliche Laufbahn verlassen und meinen ganzen Besitz hergeben, um Jesus nachzufolgen?" Meine Antwort darauf lautet: „Warum große Fragen stellen, wenn du doch einfach bloß sagen könntest: ‚Ich verspreche, mein Kleinkind nicht mehr anzuschreien. Ich verspreche, diesen kleinen Schritt zu tun.'"

Das große Geheimnis des geistlichen Lebens ist, dass du die kleinen Schritte ja schon kennst, selbst wenn du die großen noch nicht kennst. Um die kleinen Schritte zu machen, brauchst du die großen noch gar nicht zu kennen. Du musst einfach nur einen Schritt auf einmal machen. Das Interessante dabei ist, dass der Mensch, der in Kontakt mit Jesus ist, weiß, worin diese kleinen Schritte bestehen. So könnten wir uns zum Beispiel sagen: „Über diesen Menschen will ich jetzt so nicht mehr sprechen. Ich werde jeden Klatsch vermeiden." Das ist etwas Kleines. Kein Mensch merkt das. Den betreffenden Menschen mögen wir immer noch nicht besonders, aber immerhin sagen wir jetzt nichts Schlechtes mehr über ihn. Das ist ein kleiner Schritt. Der nächste Schritt könnte sein, ihm ein Lächeln zu schenken. Und dann, ihn einzuladen, hereinzukommen. Ohne es recht zu merken, sind wir bald Freunde. Im Rückblick merken wir, dass es ein langer Weg aus kleinen Schritten geworden ist.

Alle großen Menschen der Geschichte fingen mit kleinen Schritten an. Der heilige Franz von Assisi riss sich nicht jäh seine Kleider vom Leib und zog in eine Höhle, sondern er rang vier Jahre lang mit sich und bewegte sich mit kleinen

Schritten vorwärts. Er fragte sich selbst: „Was soll ich mir überlegen?" „Wie könnte ich vorgehen?" Er ging dabei mit kleinen Schritten vor. Wir konzentrieren uns auf den dramatischen Ausgang von alledem, aber nicht darauf möchte ich deine Aufmerksamkeit lenken. Konzentriere dich auf die kleinen Schritte, die er tat, um so weit zu kommen.

Sei achtsam. Du weißt ganz genau, was du heute Abend tun musst. Du weißt auch, was du morgen tun musst. Du weißt auch, was Du nicht tun musst. Vertrau darauf, dass du – wenn du diese zuversichtlichen Schritte in deinem Denken, in deinem Sprechen und in deinem Handeln setzt – mit kleinen Schritten einen weiten Weg zurücklegen kannst. Du wirst den Ruf lauter und immer lauter hören und wissen, wohin du gehst.

Ich möchte nicht, dass sich das zu leicht anhört.

Jedenfalls müssen wir darauf vertrauen, dass alle diese Schritte, die wir setzen müssen, gangbar sind. Jesus fordert uns nicht zu großen Sprüngen auf. Er bittet uns zunächst, uns in Bewegung zu setzen, ganz, ganz sorgfältig, Schritt für Schritt für Schritt.

Der erste Schritt besteht im Hören.

Der zweite besteht darin, nichts mehr als „mein" zu bezeichnen. Wenn wir Entscheidungen treffen müssen, können wir uns die Frage stellen: „Tue ich das aus Angst um mein Überleben oder kann ich voller Vertrauen handeln?" Wir werden merken, wann wir aus Angst handeln und wann wir aus Liebe handeln. Entscheide dich immer für die Liebe. Handle nicht aus Angst. Es geht wiederum um kleine Veränderungen: Sage oder denke nichts aus Angst. Gedanken der Angst führen zu noch mehr Angst.

Jesus nachzufolgen heißt, sich von der Angst weg- und zur Liebe hinzubewegen. Immer in Richtung Jesus.

Es kommt alles darauf an, dass wir uns von der Angst abwenden und dem zuwenden, der die Liebe ist (vgl. 1. Johannes 4,8). Wir müssen unsere Augen auf den Herrn der Fülle richten. Er sagt nicht: „Ich möchte euch das Leben schwer machen", aber er spricht vom Loslassen und Zulassen, allerdings erst später. Zuerst einmal spricht er davon, dass wir uns dem Leben zuwenden sollten. Deshalb sagt er: „Folge mir nach und halte deine Augen auf die Stelle gerichtet, die dir ein Leben in Fülle verspricht."

Verwende Gebet und Meditation dazu, deine Augen auf diesen Platz des Lebens zu richten.

Wenn du dein geistliches Leben entwickeln willst, halte dir immer den Herrn vor Augen. Blicke auf ihn.

Der heilige Ignatius von Loyola pflegte zu sagen: „Sieh ihn, hör ihn, berühre ihn, schmecke ihn, rieche ihn." Sei ihm voll präsent und werde mit ihm vertraut. Halte dich immer an die Einladung: „Komm und sieh!", denn wenn du wirklich siehst, wirklich um dich blickst und wirklich mit der Schönheit Jesu vertraut wirst, wirst du sehen, dass die Schönheit dieser Person ihrer Einladung zur Liebe entspricht. Das ist eine Einladung, dorthin zu gehen, wohin er dich beruft. Das wird dann ganz leicht gehen.

Vielleicht ist „leicht" nicht ganz das passende Wort dafür. Es handelt sich um etwas, das wir tun, weil wir davon *angezogen* werden. Im geistlichen Leben geht es nicht darum, etwas aufzugeben, sondern in erster Linie darum, alle Ängste abzustreifen. Es ist vor allem anderen ein Hingeführtwerden zur Liebe. Wenn wir uns an den Herrn halten, an sein Reich, sein Wort und sein Evangelium, und wenn das alles zu unserem inneren Raum wird, werden wir wissen, was wir tun sollen, denn diese Welt umgibt uns. Wir sind im Haus des Herrn. Wir sind darin bei Gott und somit im richtigen Raum, um Entscheidungen zu treffen, weil unser Blick konzentriert ist. Wir erkennen die Schönheit Gottes und wir möchten bei ihr sein. Wir sehnen uns zutiefst nach ihr.

Wir alle haben unsere ganz eigene Berufung. Wir alle haben die Berufung zur Nachfolge. Es ist aufregend, unserer Berufung zu vertrauen.

Dramatisiere sie nicht. Horche genau hin und du wirst erkennen, was du als nächstes tun sollst. Du wirst den Wunsch verspüren, es zu tun, denn das ist immer eine Bewegung weg von der Angst und hin zur Liebe.

„Komm. Komm und folge mir."

Jesus nachzufolgen bedeutet, der Stimme dessen zu folgen, der uns weg vom nutzlosen Umherstreifen ruft, oder einfach vom bloßen Herumsitzen. Jesus sagt: „Folge mir!" Wenn wir uns entscheiden, hinzuhören und ihm zu folgen, konzentrieren wir uns Schritt um Schritt auf unser Leben. Das ist nicht länger ermüdend. Wir wissen jetzt, wohin wir unsere Energien lenken sollen. Wir wissen, was wichtig ist und was nicht. Jesus nachzufolgen bedeutet, sein „Ich" loszulassen und auf den „Anderen" zuzugehen. Jesus nachzufolgen bedeutet, es zu wagen, aus uns selbst herauszugehen und langsam damit aufzuhören, unser „Ich“ selbst aufzubauen. Es bedeutet, uns von dem Anderen führen zu lassen, der uns in eine völlig neue Daseinsweise hineinführt.

Nachfolgen bedeutet nicht, jemandes Verhalten nachzuahmen oder zu kopieren. Ich habe den Eindruck, zuweilen belassen wir es dabei, das, was er oder sie zu uns sagt, nachzuahmen oder nachzusprechen, oder das zu tun, was sie oder er tut. Aber Jesus nachzufolgen ist etwas anderes, als seine Art und Weise, etwas zu tun, nachzuahmen oder zu kopieren.

Es ist wichtig für uns, diesen Unterschied deutlich zu sehen. Wenn wir jemanden nachahmen, entwickeln wir keine persönliche, innerliche Beziehung zu diesem Menschen. Wir imitieren diesen Menschen bloß, zu dem wir aufblicken oder den wir bewundern, sind ihm aber nicht nah.

Zuweilen imitieren wir aus Angst. „Ich habe die Angst, dass er oder sie mich nicht mag, und deswegen ahme ich nach, was er oder sie tut, damit ich sein Gefallen finde.“ Da gibt es dann keinen inneren Raum.

Wenn man jemanden nachahmt, kann das auch daran liegen, dass man faul ist. „Ich tu halt, was er oder sie sagt, aber ich lasse mich darauf innerlich nicht ein.“ Wer einen anderen Menschen nachahmt, lässt sich auf diesen Menschen nicht ein. Man möchte ihm von innen her gar nicht begegnen.

Wenn wir im Gegensatz dazu von der Nachfolge Jesu sprechen, handelt es sich dabei um eine aus unserem

Herzen kommende Bewegung. Sie entspringt der innersten Tiefe unserer selbst. Jesus nachzufolgen bedeutet, unser Leben in seinem Geist zu leben, in seinem Licht, in seinem Herzen, aber mit unserem Geist, mit unserem Herzen, mit unserem Licht. Das bedeutet nicht, dass wir passive Nachahmer werden. Nein, es bedeutet, dass wir Persönlichkeiten werden, die ihre eigene Berufung entdeckt haben, ihren eigenen einzigartigen Ruf, und das auf ganz neue Art und Weise.

Jesus nachzufolgen bedeutet, der Liebe Gottes unsere persönliche einzigartige Form und Inkarnation zu geben.

Jesus nachzufolgen bedeutet, unser Leben so authentisch zu leben wie er. Es heißt, unser Ego abzulegen und dem Gott der Liebe so nachzufolgen, wie Jesus uns das gezeigt hat. Die Nachfolge Jesu erfordert eine Bekehrung. Sie verlangt ein neues Herz und ein neues Denken.

Es gibt keine zwei Nachfolger Jesu, die gleich wären. Sehen wir uns doch die großartige Vielfalt von Heiligen an. Sie alle haben ihren eigenen einmaligen Stil des Jüngerseins. Einer der aufregendsten Aspekte des christlichen Lebens ist der, dass es die Menschen nicht in eine Schablone presst, sondern eine reiche Vielfalt von Menschen hervorbringt, in denen die Liebe Gottes sich auf ganz unterschiedliche Weisen inkarniert.

Falls es beim Nachfolgen um ein Nachahmen gehen würde, könnte nie eine Gemeinschaft entstehen. Sie ist ja gerade das Zusammensein solcher Menschen, die sich auf unterschiedliche Weise auf einen Ruf eingelassen und ihn sich zu eigen gemacht haben. Die Vitalität der christlichen

Gemeinschaft existiert genau deshalb, weil es so viele unterschiedliche Weisen gibt, Jesus nachzufolgen.

Wir alle spiegeln Gottes Liebe auf je eigene Weise. In einem Mosaik leuchtet ein Steinchen, ein anderes ist golden, wieder ein anderes ganz klein. Wenn wir genau hinsehen, können wir die Schönheit jedes einzelnen Steinchens bewundern. Aber wenn wir ein wenig zurücktreten, sehen wir, dass alle Steinchen miteinander ein wunderschönes Bild darstellen und eine Geschichte erzählen, die keines der Steinchen alleine erzählen könnte. Alle diese verschiedenen Steinchen spiegeln der Welt das Antlitz Gottes wider.

Jesus nachfolgen heißt, seinen Ruf als ganz persönlichen Ruf zu vernehmen. Das ist die Berufung dazu, von der Liebe Gottes, wie Jesus sie uns offenbart hat, ein einmaliges Zeugnis abzugeben. Es gibt viele Weisen, Jünger zu sein, so dass die Fülle der Liebe Gottes in der christlichen Gemeinschaft sichtbar zutage tritt. Für einige heißt das, dass sie zu radikaler Armut berufen werden. Für andere heißt es, dass sie ihrer Ehe treu bleiben. Für wieder andere, dass sie ihr Leben dem Dienst in der säkularen Welt widmen. Für andere, dass sie ein Leben in Kontemplation und Verborgenheit führen. Ganz gleich, auf welche Weise wir uns darauf einlassen, ist das eine Antwort der Liebe. Es ist eine bestimmte Weise, Gottes Liebe sichtbar zu machen. Jeder Jünger, jede Jüngerin spiegelt einen besonderen Aspekt von Gottes Liebe.

Die Jüngerschaft – das Ausdruckgeben der Liebe Gottes – nimmt vielerlei Formen an. Manche Menschen sind leidenschaftliche Liebhaber. Andere haben eine zornige Liebe. Sie sehen Unrecht und schreiten unverzüglich dagegen ein.

Andere haben eine recht liebenswürdige Liebe. Sie strahlen Willkommen aus. Wo immer sie sind, gründen sie Gemeinschaft. Andere pflegen eine recht stille Liebe, die sehr verborgen bleibt.

Das alles sind Formen der Liebe, und jede und jeder von uns hat seine eigene Weise. Gottes Liebe ist so reich und weit, dass es vieler Menschen bedarf, um sie sichtbar werden zu lassen. Diese vielen Formen der Liebe stützen einander gegenseitig.

Herr Jesus,

ich komme zu dir, um in das Geheimnis deines Weges einzutreten – des Weges der Jüngerschaft, des Weges, der vom Kreuz in ein neues Leben hineinführt. Das ist kein einfacher Weg, aber ein Weg voller Frieden und Freude. Hilf mir, hier zu sein, mit einem Herzen, das für das Leiden offen ist, mit einem Geist, der für das Verstehen offen ist, und einem Willen, der zur Nachfolge bereit ist.

Es gibt immer viel zu kämpfen und ich werde immer viel kämpfen müssen, aber zusammen mit dir, o Herr, lebe ich im Licht. Mit dir, o Herr, bewege ich mich mehr und mehr ins Licht. Mit dir, o Herr, weiß ich, dass ich in Sicherheit bin. Lass mich mein Leben im Geist der Dankbarkeit feiern. Ich will dankbar dafür sein, dass ich hier bin, und dankbar dafür, dass du mein Gott bist.

Amen.

KAPITEL DREI

DIE HERAUSFORDERUNG

„Liebt eure Feinde"

„Liebt eure Feinde; tut denen Gutes, die euch hassen. Segnet die, die euch verfluchen; betet für die, die euch misshandeln. Dem, der dich auf die eine Wange schlägt, halte auch die andere hin, und dem, der dir den Mantel wegnimmt, lass auch das Hemd. Gib jedem, der dich bittet; und wenn dir jemand etwas wegnimmt, verlang es nicht zurück.

Was ihr von anderen erwartet, das tut ebenso auch ihnen. Wenn ihr nur die liebt, die euch lieben, welchen Dank erwartet ihr dafür? Auch die Sünder lieben die, von denen sie geliebt werden. Und wenn ihr nur denen Gutes tut, die euch Gutes tun, welchen Dank erwartet ihr dafür? Das tun auch die Sünder. Und wenn ihr nur denen etwas leiht, von denen ihr es zurückzubekommen hofft, welchen Dank erwartet ihr dafür? Auch die Sünder leihen Sündern in der Hoffnung, alles zurückzubekommen.

Ihr aber sollt eure Feinde lieben und sollt Gutes tun und leihen, auch wo ihr nichts dafür erhoffen könnt. Dann wird euer Lohn groß sein, und ihr werdet Söhne des Höchsten sein; denn auch er ist gütig gegen die Undankbaren und Bösen."

Lukas 6,27–35

Liebt eure Feinde" dürfte vermutlich der zentralste Aufruf der gesamten christlichen Botschaft sein. Er steht genau an der Stelle, an der das Neue Testament wirklich neu ist. Diese Vorstellung ist dank Jesus in der Weltgeschichte bahnbrechend – ein Aufruf, den Jesus an uns richtet. Aber wir haben eine recht armselige und irgendwie verbogene Ansicht dessen, was Liebe ist. Bevor wir von unserer Feindesliebe sprechen, müssen wir zuerst einmal von unserer Freundesliebe sprechen.

Liebe

Wenn ich daran denke, wie ich mein Leben verbringe und wie andere das tun, muss ich mich wundern, wie ungeheuer bedürftig ich bin. Ich habe ein starkes Bedürfnis nach Zuneigung. Ich möchte Aufmerksamkeit erfahren. Ich möchte gelobt werden. Ich brauche Einfluss, Macht und Erfolg. Ich spüre, wie stark diese Bedürfnisse in mir sind, und auch, wie stark sie in anderen sind.

Tatsächlich sind sie so stark, dass wir oft darauf verfallen, unser Leben auf den Kopf zu stellen, um sie zu befriedigen.

Wenn man auf diese Weise lebt, hat das etwas Tragisches an sich. Sobald eines unserer Bedürfnis befriedigt ist, merken wir, dass das noch nicht ausreicht. Sobald wir die Anerkennung erfahren, für die wir gebetet hatten, und jemand zu uns sagt: „Du bist der sympathischste Mensch, dem ich je begegnet bin", denken wir bei uns: „Stimmt das wirklich? Sagt er das nicht zu jedem?" Oder wenn jemand sagt: „Du bist großartig. Was du da hingekriegt hast; der Film, den du gedreht hast; dieser Artikel, den du da geschrieben hast, das ist fantastisch", so lässt das Angst aufkommen, weil wir von da an damit leben müssen, dass man sehr viel von uns erwartet. Je berühmter jemand wird, desto nervöser wird er. Er hat Angst davor, das zu verlieren, was er sich sorgfältig aufgebaut hat.

Ich habe eine Zeitlang in San Francisco und Los Angeles bei Filmemachern und Menschen aus dem Showbusiness gelebt und mich darüber gewundert, wie alle ständig das Bedürfnis danach hatten, dass jemand ihnen beteuerte, wie großartig sie seien. Es hatte den Anschein, als sei dieses Bedürfnis endlos. Wenn ich jemandem sagte, dass er großartig sei, reichte das nie. Sogar Menschen, die auf dem Höhepunkt ihres Erfolgs waren und Oscars oder andere Preise gewonnen hatten, waren immer noch nicht zufrieden. Sie hatten das Gefühl, immer noch nicht genügend Bestätigung gefunden zu haben. Wenn man zu jemandem sagte: „Du bist der Größte von allen!", entgegnete der oder die Betreffende: „Das sagst du heute – aber wie wird es morgen sein?"

Sogar Menschen, die ungeheuer gepriesen werden, eine Unmenge Geld verdient haben und mit Auszeichnungen,

Erfolg und Applaus überschüttet worden sind, können zutiefst deprimiert sein. Wenn man näher hinsieht und den Ballon ansticht, merkt man, dass sie genauso unsicher sind wie alle anderen Menschen auch. Unterhalb all dieses Reichtums und dieser Anerkennung sind sie immer noch der kleine Mensch, der einen fragt: „Liebst du mich?"

Wir hören von Menschen, die sich selbst auf dem Höhepunkt ihrer Karriere das Leben nehmen, und wir fragen uns: „Wie kann das bloß passieren? Die sind doch reich, berühmt und erfolgreich". Und dann erfahren wir, dass der oder die Betreffende auf eine Weise gelebt hatte, die so angespannt war, dass sie unerträglich wurde.

Unsere Bedürfnisse sind enorm. Das Bedürfnis nach Zuneigung und Erfolg steckt in vielen Menschen sehr tief. Ich stelle mir oft die Frage, ob andere Menschen mich lieben und ob ihnen das gefällt, was ich tue. Das ist schrecklich! Ich komme davon gar nicht los. Da halte ich eine Predigt über Demut und danach ist das erste, was ich tue, dass ich mich frage, ob diese Predigt bei meinen Zuhörern gut angekommen ist!

Warum sind wir so bedürftig?

Woher kommt diese Bedürftigkeit?

Sie entstammt der Erfahrung und dem Umstand, verwundet zu sein. Wir sind verwundete Menschen. Wir sind auf eine Weise verwundet, die bewirkt, dass wir unseren Wert in Frage stellen. Wir sind voller Selbstzweifel. Wir stellen uns die Frage: „Bin ich es wert, da zu sein?" „Leiste ich meinen Beitrag zur Menschheitsfamilie?" „Gehöre ich irgendwo dazu?"

Es kann sein, dass wir das nicht genau auf diese Weise zum Ausdruck bringen, aber irgendwie fühlen wir uns abgelehnt. Irgendwo tief in uns haben wir das Gefühl, dass wir nicht ganz dazugehören.

Wir zeigen auf unsere Mutter, unseren Vater, unseren Bruder, die Kirche oder die Schule und sagen: „Ich bin so wütend auf das, was man mir angetan hat."

„Ich ringe immer noch um meine Selbstachtung, weil mein Vater mich immer so niedergemacht hat."

„Meine Mutter hat mich nicht besonders gemocht, weil sie meine Geschwister mehr geliebt hat als mich."

„Die Kirche hat mir eingeimpft, mich als schlechten Menschen zu fühlen."

Aus diesem Gefühl heraus, verletzt zu sein, werden wir sehr bedürftig. Wir halten verzweifelt Ausschau nach diesem Gefühl, endgültig ganz in Ordnung zu sein. Wir haben das tiefe Gefühl, nicht akzeptabel zu sein. Wir verweisen auf bestimmte Ereignisse oder Menschen, denen wir die Schuld dafür zuschreiben können, obwohl wir in der Tiefe unseres Herzens wissen, dass das einen anderen Grund hat.

Dieses Bedürfnis ist problematisch. Es kann gewalttätig werden. Unsere Einsamkeit, unsere Selbstzweifel und unsere inneren Ängste können so groß werden, dass wir versuchen, andere Menschen dazu zu zwingen, uns zu lieben. „Bitte liebe mich. Bitte sage mir, dass ich in Ordnung bin." Dann kann das, was ein Ausdruck der Zuneigung sein sollte, zur Forderung werden. In einer Welt, worin die Menschen so sehr der Bestätigung bedürfen, können sie anfangen, aus lauter Bedürftigkeit andere an sich zu reißen, zu beißen, zu schlagen und zu stoßen. Die Gefängnisse sind voller Menschen, die Verbrechen nur deswegen verübten, um Aufmerksamkeit zu erregen, selbst wenn sie negativer Art ist.

Unsere Bedürfnisse können Wunden verursachen. Wir können andere Menschen mit unseren Bedürfnissen verwunden, denn oft zwingen wir Menschen, uns etwas zu geben, was sie selbst gar nicht haben. Wir zwingen andere Menschen, für uns Gott zu sein. Wenn wir andere Menschen zu Gott machen, werden wir für uns selbst zu Dämonen. Das ist der Kern des Problems. Bedürfnisse reißen Wunden auf und die Wunden wecken weitere Bedürfnisse auf, und so geht das endlos weiter. Wenn wir uns fragen: „Woher kommen meine Bedürfnisse?", geht uns auf, dass unsere Wunden von jemandem in der Vergangenheit stammen, der uns verletzt hat, weil er selbst so bedürftig war.

Als Entgegnung darauf könnten wir sagen: „Ich will mit meinen Bedürfnissen nichts Derartiges tun." Wir möchten ja niemanden verletzen. Aber ehe wir es recht merken, sagen dann unsere Kinder: „Ich habe das Gefühl, du siehst mich gar nicht mehr richtig." Oder unsere Freunde sagen: „Ich bin von dir enttäuscht." Oder unser Partner sagt: „Du gibst mir nicht alles das, was ich brauche. Nach so vielen Ehejahren ist zwischen uns immer noch etwas Unerfülltes." Das tut gewaltig weh, denn die Menschen, die sich von uns verletzt fühlen, sind diejenigen, die wir zutiefst lieben. Wir haben das irgendwie nicht verhindern können. Deswegen befällt uns Traurigkeit. Wir sehen, dass das ineinander verflochtene Netzwerk von Wunden und Bedürfnissen auch bis in die Zukunft hinausreicht.

Aber was genau ist die Wunde, die wir verspüren?

Das Gefühl, abgelehnt zu sein. Die Wunde ist die Erfahrung, nicht voll und ganz geliebt zu werden. Ein verwundeter Mensch ist ein Mensch, der nicht tief in seinem Herzen weiß, dass er wirklich geliebt wird.

Die Worte Jesu sprechen direkt diesen Zustand des Menschen an. Jesus möchte uns von der Kette befreien, die uns im Gefängnis hält. Er möchte uns mit der Offenbarung befreien, dass wir bereits geliebt sind, noch bevor wir irgendjemandem Liebe schenken oder sie von ihm empfangen können. Jesus ist gekommen, um uns zu offenbaren, dass am Anfang die Liebe war und ist. Die ursprüngliche Liebe. Wir sind von Jesus berufen, mit dieser ersten Liebe in Kontakt zu kommen.

Die erste Liebe sagt: „Ich habe dich schon geliebt, bevor du jemanden lieben konntest oder bevor du von jemandem Liebe empfangen konntest. Ich habe dich so genommen, wie du bist. Du bist angenommen. Du bist geliebt, ganz gleich, ob dich auch Mutter, Vater, Bruder, Schwester, Schule, Kirche, Gesellschaft lieben. Du bist aus meiner Liebe heraus geboren. Ich habe dich aus meiner Liebe heraus ausgeatmet. Ich habe dich aus Liebe angesprochen. Du bist die Inkarnation meiner Liebe und in mir sind weder Hass noch Rachegelüste noch Vorbehalte. Da gibt es nichts, was dich ablehnen würde. Ich liebe dich. Kannst du dieser Liebe trauen?“

Die Ursprungsliebe ist der Ursprungssegen.

Die Ursprungsliebe ist die Ursprungsakzeptanz.

Lange bevor wir von der Ur-Sünde oder der Ur-Ablehnung sprechen, sollten wir von Gottes Ur-Liebe sprechen.

Gottes Liebe ist es, die es uns ermöglicht, einander zu lieben. Diese erste Liebe ist die Grundlage für alle kreativen zwischenmenschlichen Beziehungen. Diese Liebe möchten wir füreinander sichtbar machen, untereinander und miteinander.

Jesus hat gesagt: „Liebt einander, denn ich habe euch zuerst geliebt."

Das gesamte geistliche Leben ist ein Leben, worin wir in Berührung mit dieser Ur-Liebe kommen. Sobald wir an den Ursprungsort dieser ersten Liebe rühren, beginnen wir langsam von den Ketten unserer Bedürfnisse und Wunden frei zu werden, die uns in ihrer Gefangenschaft halten.

Dieses geistliche Leben ist ein Leben, das uns wirklich frei macht, frei zum Lieben.

Zu Jesus kam die Frau, die Salbe über seine Füße goss und sie mit ihren Haaren abtrocknete. Jesus sagte von ihr, ihre Sünden seien ihr vergeben worden, weil sie so viel geliebt habe (Lukas 7,36–48). Das bedeutet, dass sie verstanden hatte, wie sehr sie geliebt war, und dieses Wissen hatte ihr die Freiheit eröffnet, Jesus von ganzem Herzen zu lieben.

Wenn wir mit der ersten Liebe in Kontakt kommen, kommen wir mit dieser Mitte unseres Wesens in Kontakt, worin wir uns grenzenlos geliebt fühlen, ohne alle Bedingungen oder Grenzen. Wenn wir mit der ersten Liebe in Kontakt kommen, werden wir frei dafür, die Menschen zu lieben, ohne im Gegenzug irgendetwas zurückzubekommen.

Hier geht es anders zu als in der weltlichen Liebe. Die weltliche Liebe ist eine Transaktion, eine Art Tauschhandel. Dieser Tauschhandel-Charakter der weltlichen Liebe ist genau das, womit wir Menschen immer wieder in Schwierigkeiten kommen. Wenn wir etwas hergeben, erwarten wir im Gegenzug, etwas zu bekommen. Das führt dann zu Konflikten, und das ist auch die Ursache vieler Feindseligkeiten. Da kommt es dann zu Wut, Eifersucht, Abneigung und Rachegedanken. Dieses Liebes-Verständnis ist die Ursache des gesamten Chaos zwischen den Menschen.

Jesus sagt: „Ihr sollt leihen, auch wo ihr nichts dafür erhoffen könnt" (Lukas 6,35).

Jesus möchte nicht, dass wir Masochisten werden, die anderen Gefälligkeiten erweisen und sagen: „O nein, du musst mir dafür überhaupt nichts geben. Da würde ich mich ja schämen."

Nein. Jesus sagt: „Ihr seid so sehr geliebt, dass ihr keinen Gedanken darauf verschwenden solltet, etwas zurückzahlen zu müssen."

Wie lernen wir diese Liebe kennen?

Indem wir beten. Wir müssen darum beten, dass die erste Liebe uns anrührt und wir sie wiedererkennen können.

Wie beten um die Erkenntnis dessen, dass wir voll und ganz geliebt werden, nicht nur in unserem Kopf, sondern auch in unserem Herzen und in unserer Wesensmitte. Deswegen beten wir. Wir beten, damit wir auf unserem Gang durch unsere Welt nicht so bedürftig sind, dass wir andere verletzen; dass wir nicht geben, um dafür etwas zurückzubekommen. Wir beten darum, frei zu werden.

Wenn wir das wirklich hören und wenn wir das wirklich irgendwie ins Bauchgefühl bekommen, dann begreifen wir das endlich, denn meiner Ansicht nach ist der Anspruch Jesu hier sehr hoch.

Jesus nachzufolgen bedeutet, ein Leben zu führen, worin wir anfangen, einander mit Gottes ursprünglicher Liebe zu lieben, und nicht mit der bedürftigen und verletzten Liebe, die anderen Schaden zufügt. Die Ur-Liebe ist eine Liebe, die über die Kraft verfügt, sowohl seine Feinde als auch seine Freunde zu lieben. Das ist eine göttliche Liebe, die uns zu „Söhnen und Töchtern des Vaters im Himmel macht, der seine Sonne über Bösen und Guten aufgehen und es über Gerechte und Ungerechte regnen lässt" (Matthäus 5,45).

Auf welche Weise haben wir an dieser göttlichen Liebe Anteil?

Versuchen wir es mit einer Antwort, indem wir uns einige Gedanken über die Themen Ehe, Freundschaft und Gemeinschaft machen. Ich habe das Gefühl, dass für viele Menschen ihre zwischenmenschlichen Beziehungen das Wichtigste sind, allerdings auch zur Ursache des größten Schadens werden können.

Freundesliebe

Zur Ehe kommt es oft so: „Ich liebe dich. Du liebst mich. Ich fühle mich zu dir hingezogen. Lass uns zusammen gehen. Wir passen recht gut zusammen. Versuchen wir es also mit dem Zusammenleben und wir können vielleicht ein gutes Team werden. Vielleicht können wir sogar einmal heiraten."

Nach etlichen Jahren sagt dann einer der beiden: „Ich möchte dich wirklich genau kennenlernen. Ich habe immer noch dieses Gefühl, dass du mich nicht alles über dich wissen lässt." Der andere sagt dann vielleicht: „Ich versuche das wirklich intensiv und habe dir alles erzählt, was es zu sagen gibt. Ich habe dir alles gegeben, was ich dir geben kann." Und der andere sagt: „Ich fühle mich mit dir recht einsam. Irgendwie nehmen wir den Umstand, miteinander verheiratet zu sein, nicht ernst genug." Dann nehmen der Stress und die Spannung zu und einer sagt: „Na ja, vielleicht sollten wir etwas auf Abstand voneinander gehen." Der andere sagt: „Lass es uns noch einmal versuchen. Wir sollten uns nach Hilfe umsehen …"

Diese Art von Liebe hat eine Art Hilflosigkeit an sich. Wir klammern uns aneinander und unsere Ansprüche werden bedrückend und verzweifelt.

Wir neigen zu der Vorstellung, dass die Liebe mit unseren zwischenmenschlichen Beziehungen anfängt und aufhört.

Das stimmt laut der Heiligen Schrift nicht. Die Liebe zum Nächsten beginnt mit unserer Beziehung zu Gott.

Wir können andere lieben, weil das „Ich“ unseres innersten Selbstseins die erste Liebe vernommen hat – Gottes bedingungslose, grenzenlose Liebe. Wenn wir in Beziehungen zusammenkommen, erkennen wir, dass auch andere mit der ersten Liebe geliebt werden. Die erste Liebe inkarniert sich auf unterschiedliche Weisen in jedem Menschen und ruft uns zusammen, um ein neues Heim zu gründen, eine neue Gemeinschaft, einen neuen Wohnort für Gott in dieser Welt. Darum geht es in der Ehe. Darum geht es auch in der Freundschaft. Darum geht es in der Gemeinschaft. Echte Beziehungen zwischen Menschen verweisen auf Gott.

Die Heilige Schrift sagt uns, dass menschliche Beziehungen – sei es in der Freundschaft, Ehe oder Gemeinschaft – bedeuten, dass zwei Menschen entdecken, dass sie einer Liebe angehören, die größer ist als die, welche jeder von ihnen haben kann, und auf die sie beide verweisen.

Beziehungen zeigen von uns selbst weg auf die größere Liebe, die uns umfasst. In der Ehe sagen wir: „Uns verbindet nicht nur deshalb ein Band miteinander, weil wir eine gute zwischenmenschliche Beziehung miteinander haben, sondern weil wir erkannt haben, dass Gott uns zum Zusammensein berufen hat, und das als neue Weise, Gottes Liebe in dieser Welt sichtbar zu machen. Indem wir zusammenziehen und ein Haus bauen, können wir neue Menschen aufnehmen, können Gastfreundschaft bieten. Wir können Raum für Kinder schaffen, für Freunde. Das ist ein Raum, der auf den Einen verweist, der uns zusammen beruft.“

Die Ehe besteht nicht nur darin, dass zwei Menschen einander so sehr lieben, dass sie ineinander Gott finden können, sondern dass Gott sie so sehr liebt, dass sie einander gegenseitig als lebendige Erinnerung an Gottes Gegenwart entdecken können.

Die Ehe ist das Geheimnis, dass Gott uns so sehr liebt, dass wir miteinander Gottes Gegenwart entdecken und sie dank unserer Hingabe aneinander hier und jetzt sichtbar machen können. Unsere Treue wird nicht deshalb möglich, weil wir die gleichen bleiben oder beieinanderbleiben, und auch nicht, weil wir zusammenpassen oder die gleichen Lebensziele haben, sondern weil Gott uns in dieser ersten Liebe zusammenhält.

Ich will versuchen, das noch einmal anders zu sagen. Liebe, so wie Jesus sie uns offenbart, ist eine Beziehung zwischen zwei Personen. „Person" ist ein wunderbares Wort. Es besteht aus den zwei lateinischen Wörtern *per*, das „hindurch" bedeutet, und *sonare*, das „erklingen" bedeutet. Eine Person ist also jemand, der oder die „durchklingt".

Was lassen wir durchklingen? Wir lassen eine größere Liebe durchklingen, als wir selbst aufbringen können. Wenn wir zu jemandem sagen: „Ich liebe dich", heißt das also in Wirklichkeit: „Du bist ein Fenster, durch das ich einen Blick auf die grenzenlose Liebe Gottes erhaschen kann." Wenn wir sagen: „Ich liebe dich wirklich", heißt das nicht, dass dieser Mensch uns alles gibt, was wir brauchen, sondern: „Du bringst mich mit dem Gott in Berührung, dem ich bereits in der Tiefe meines Herzens begegnet bin. Du durchtönst mich mit der Liebe, die ich in meinem Herzen habe. Ich durchtöne dich mit der Liebe, die du bereits in deinem Herzen erkennst." Das ist wirklich das, worum es in innigen Beziehungen geht.

Die Liebe zwischen Mann und Frau, zwischen Mann und Mann, zwischen Frau und Frau und zwischen Menschen in Gemeinschaften ist eine Liebe zwischen Personen, die Gottes grenzenlose, unbeschränkte, bedingungslose Liebe durchtönt. Wir gebrochenen, beschränkten Personen sind Fenster in die grenzenlose, bedingungslose, ungebrochene, vollkommene Liebe Gottes.

Manche Menschen sagen: „Du musst Gott im Anderen sehen", oder: „Du musst Gott in der Welt sehen." Ich glaube nicht, dass wir Gott in der Welt sehen können. Ich, Henri Nouwen, kann davon nichts sehen! Aber wenn ich Gott in meinem Herzen und in meiner Einsamkeit entdeckt habe, dann kann der Gott in mir den Gott in dir entdecken. Das ist eine völlig andere Sichtweise. Wir entdecken, dass wir beide vom gleichen Gott geliebt werden und zusammenkommen können, um diese Liebe in allem zu feiern, wohin immer Gott uns beruft.

Wenn wir diese erste Liebe kennen und im Haus Gottes wohnen, kann die Gegenwart Gottes in uns die Gegenwart Gottes im anderen Menschen erkennen. Umgekehrt ist es so, dass wir dann, wenn wir einen Dämon in unserem Herzen tragen, überall um uns herum Dämonen sehen werden. Wenn wir dunkle Mächte in uns haben, werden wir überall dunkle Mächte sehen. Menschen mit dunklem

Herzen sehen andere Menschen mit dunklem Herzen. Dann spricht Finsternis zu Finsternis, Böses zu Bösem. Aber die Liebe spricht zur Liebe und Gott spricht zu Gott.

Im christlichen Leben - in der Nachfolge Jesu in einem Leben der Jüngerschaft - geht es darum, zu entdecken, wie wir Gottes Gegenwart hier und jetzt mittels unserer Liebe zueinander sichtbar werden lassen können. Freundschaft, Ehe und Gemeinschaft - das sind alles unterschiedliche Weisen, einander die ursprüngliche, allumfassende Liebe Gottes zu offenbaren.

Feindesliebe

Es wurde schon gesagt, die Feindesliebe sei das Kriterium der Heiligkeit. Das stimmt. Wenn wir unsere Feinde lieben, sind wir auf dem Weg zur Heiligkeit. Starez Siluan (1866–1938), einer der berühmten orthodoxen Mönche auf dem Berg Athos in Griechenland, pflegte das zu sagen. Er sagte: „Wenn du für deine Feinde betest, wird dir der Friede beschert, und wenn du deine Feinde liebst, darfst du dessen gewiss sein, dass die Gnade dir die Liebe Gottes beschert."

Die Feindesliebe ist im Leben Jesu ein vorherrschender Charakterzug. Erinnern wir uns daran, was er am Kreuz gesagt hat: „Vater, vergib ihnen, denn sie wissen nicht, was sie tun!" (Lukas 23,34). Erinnern wir uns auch an den heiligen Stefanus, den ersten Märtyrer der Christenheit, der sterbend Gott bat, seinen Feinden zu vergeben. Er sagte: „Herr, rechne ihnen diese Sünde nicht an!" (Apostelgeschichte 7,60). Wenn man Worte der Vergebung spricht, wird die Feindesliebe sichtbar.

Was ist ein Feind?

Ein Feind ist jemand, den wir definieren als jemanden, der gegen uns ist, im Gegensatz zu jemandem, der für uns ist. Viele von uns haben das eigenartige Bedürfnis, die Welt in Menschen, die für uns sind, und in Menschen, die gegen uns sind, aufzuteilen.

Noch seltsamer ist, dass wir unsere Identität oft davon abhängig machen, dass wir Feinde haben. Ohne Feind existieren wir gar nicht. Wir definieren uns anhand dessen, wogegen wir sind. Wir definieren unseren Feind und unser Feind ist dazu da, uns zu definieren.

Diese Art von Selbst-Identifikation baut auf der großen Illusion auf, dass wir das sind, was Menschen zu uns sagen oder was Menschen uns antun. Die große Illusion ist, dass unsere Identität, unser Selbstsein von unseren Freunden und Feinden abhängt – also von denjenigen, die uns mögen, und denjenigen, die uns nicht mögen. Das ist eine einzige große Lüge.

Die frohe Botschaft des Evangeliums ist, dass Gott keine Feinde hat. Im Evangelium wird uns gesagt, dass Gott jedes Menschenwesen auf die gleiche Weise und mit der gleichen intensiven Liebe liebt. Gottes Liebe erreicht „nicht nur die Guten, sondern auch die Bösen“ (vgl. 1. Petrus 2,18). „Der Regen fällt gleichermaßen auf die Guten und die Bösen.“ Gott macht keine Unterschiede. Gottes Liebe ist universal.

Wir werden herausgefordert

Für uns ist es sehr wichtig, uns dessen bewusst zu werden, dass wir – wenn wir einander tatsächlich mit Gottes Liebe lieben wollen statt mit unserer verwundeten, bedürftigen Liebe – dazu berufen sind, uns immer und immer wieder unsere Feinde zu Freunden zu machen.

Feinde sind insofern für uns Feinde, als wir sie von der Liebe Gottes ausklammern. Wenn wir Gott mit Gottes Liebe lieben, können wir nicht länger die Menschen unterteilen in diejenigen, die Gottes Liebe verdienen, und diejenigen, die sie nicht verdienen. Wenn uns aufgeht, dass Gott uns zuerst geliebt hat, kann niemand von dieser Liebe ausgeschlossen werden.

Martin Luther King Jr. sagte: „Die Liebe ist die einzige Kraft, die dazu fähig ist, einen Feind zum Freund zu machen … Von Natur aus erschafft die Liebe und baut auf." Und er fuhr fort: „Ja, die Liebe wird es sein, die unsere Welt und unsere Zivilisation retten wird, die Liebe sogar zu unseren Feinden."

Abraham Lincoln sagte: „Kann ich denn nicht meine Feinde vernichten, indem ich sie mir zu Freunden mache?"

Das sind sehr eindrucksvolle Aussagen.

Tatsächlich sind wir alle aufgerufen, unsere Mitmenschen mit einer göttlichen Liebe zu lieben, mit der Liebe Gottes. „Seid vollkommen, so wie auch euer Vater im Himmel vollkommen ist" (Matthäus 5,48).

„Wenn ihr nur die liebt, die euch lieben, welchen Dank erwartet ihr dafür? Auch die Sünder lieben die, von denen sie geliebt werden. Ihr aber sollt eure Feinde lieben und sollt

Gutes tun und leihen, auch wo ihr nichts dafür erhoffen könnt" (Lukas 6,32–35).

Denken Sie für einen Augenblick daran, dass der Feind derjenige ist, der uns am Ende vernichtet. Das Hassen des Feindes kostet uns etwas. Oft erlauben wir dem Feind, Macht über uns zu haben.

Ich habe in meinem eigenen Leben festgestellt, dass Menschen, die ich nicht mag, Macht über mich haben, weil ich dauernd an sie denke. Sie beschäftigen mich und haben Kontrolle über mein Denken. Ich merke, dass ich eifersüchtig werde, voller Abneigung und rachsüchtig. Ich verliere meinen Frieden. Ich halte mich an diese Menschen als meine Feinde.

Seine Feinde zu lieben, ist eine Möglichkeit, von unseren Feinden loszukommen. Wir befreien uns selbst, indem wir sie loslassen, sie lieben, uns um sie kümmern.

Etwas vom Schönsten ist es, dass wir dann, wenn wir mittels Liebe und Vergebung den Feind aus unserem Herzen entlassen, plötzlich frei dafür sind, diese grenzenlose, allumfassende Liebe Gottes in uns einfließen zu lassen. Jedes Mal, wenn wir einem Feind vergeben, werden wir ein neuer Mensch, weil wir den verärgerten Menschen in unserem Inneren loslassen, der in uns die Angst geschürt hat.

Der Kern unseres Glaubens besteht darin, freie Menschen zu sein – frei von der Macht, die wir unseren Feinden geben, frei dazu, jedes Menschenwesen mit der göttlichen Liebe zu lieben, die immer vergibt, sieben Mal siebzig Mal.

Der Feind bleibt nur so lange Feind, wie wir noch nicht voll und ganz die Liebe Gottes erkannt haben. Gefühle von

Hass, Ablehnung, Eifersucht und Vorurteilen halten uns als Sklaven in unserem selbst gebauten Angst-Gefängnis. Wir werden zu Opfern unseres selbstgemachten Feindes. Aber jedes Mal, wenn wir zum Vergeben fähig sind und uns nicht länger über und gegen den Anderen definieren, treten wir tiefer ins Haus Gottes ein, das das Haus der Liebe ist. Dann wird die Feindesliebe zum Weg, Gott als den Gott der ersten Liebe zu erkennen.

Wie können wir uns auf den Aufruf Jesu einlassen, unsere Feinde zu lieben?

Wir können zwei ganz konkrete Dinge tun.

Für unsere Feinde beten

Wir Menschen sind kaum dazu geneigt, für Menschen zu beten, die wir nicht mögen. Aber versuche es! Bete für Menschen, die dir unsympathisch sind. Darum solltest du dich wirklich bemühen.

„Jesus, ich bete für den Soundso, den ich überhaupt nicht leiden kann."

Der Mensch, den wir nicht mögen oder der sogar unser Feind ist, ist uns innerlich präsent, und so haben wir es dabei mit etwas tief Innerlichem zu tun.

Das ist ziemlich wichtig. Gehe ins Gebet und bete. Bete für deine Feinde, denn wenn du das tust, handelst du aus Gottes Liebe heraus.

Gebete für unseren Feind können den Weg zu einer neuen göttlichen Erkenntnis der grundlegenden Einheit der Menschheitsfamilie erschließen.

Konkrete Akte der Vergebung und des Dienens setzen

Die Mitglieder jeglicher Form christlicher Gemeinschaft – sei das die Ehe oder die Freundschaft oder eine größere Kommunität – können zusammenbleiben, wenn sie imstande sind, im Rahmen ihrer Lebensweise Fehler zu bekennen und einander zu vergeben.

Warte nicht, bis du dich besser fühlst. Nein! Genau dann, wenn du dich nicht besser fühlst, solltest du um Vergebung bitten. Handle deinen Gefühlen voraus. Lass nicht deine Emotionen entscheiden, was du tun sollst.

Wir verfügen über eine Kenntnis der Liebe Gottes. Wir wissen, dass Gott diesen bestimmten Menschen genauso liebt wie uns. Wir wissen, dass Gott diesen Menschen genauso innig liebt wie uns. Vielleicht mögen wir das nicht glauben, aber das macht nichts. Selbst wenn unsere Gefühle ambivalent sind, vollbringen wir konkrete Akte der Vergebung.

Kehre zur Erkenntnis der ersten Liebe zurück, die da war, ehe deine Gefühle verletzt worden sind. Der Akt der Vergebung wird dein ganzes Leben erschüttern.

Welche Worte wählen wir, wenn wir mit einem Menschen sprechen, den wir nicht mögen? Wir sind immer noch voller Wut und Verletzung, aber wir sagen einiges weniges zu ihm oder ihr, und das deutet unseren Wunsch an, die abgebrochene Verbindung wiederherzustellen, selbst wenn wir im Gegenzug nichts bekommen. Wir wissen, dass Gott diesen Menschen genauso sehr liebt, wie er uns liebt. Lasst uns an diese Wahrheit denken, an diese echte Offenbarung. Das ist der Anfang dazu, unseren Feind zu lieben.

Die Feindesliebe beginnt mit kleinen, konkreten, einzelnen Handlungen in Richtung unseres Wissens. Sie beginnt nicht gleich direkt in Richtung unseres Wissens. Wir können entsprechend dem handeln, was wir wissen. Wir wissen, dass Gott uns liebt. Diesem Wissen können wir vertrauen, und dann werden sich unsere Gefühle dem anschließen. Die Gefühle folgen unserem Wissen. In einer Welt, in der Gefühle so vorherrschend geworden sind, ist dies eine wichtige geistliche Wahrheit, die wir uns merken sollten.

Denken wir darüber nach. Wie können wir an Gottesliebe zunehmen und einander mit dieser göttlichen Liebe lieben?

Wenn man Jesus nachfolgt, ist das eine Bewegung weg vom „bloßen Herumwandern“ oder „bloßen Herumsitzen“. Viele von uns verbringen ein Leben, in dem wir viel herumwandern, physisch oder mental, in viele Richtungen, oder wir sitzen herum und wissen nicht, was wir mit unserem Leben anfangen sollen. Darin steckt eine gewisse Trägheit. Jesus nachzufolgen heißt, sich in die richtige Richtung zu bewegen. Da wissen wir dann plötzlich, wohin wir gehen, unser Leben bekommt eine festere Struktur und wir sind konzentrierter.

Jesus nachzufolgen ist auch etwas anderes, als sich von einer Bewegung mitreißen zu lassen, und sei es eine gute. Das kann ja eine recht gute Bewegung sein, weil wir in ihr etliche Hilfe für unser emotionales Leben finden können. Aber wenn man Jesus nachfolgt, geht es dabei nicht einfach bloß darum, richtig mit unseren Emotionen oder unserem Ich umzugehen. Das ist eine andere Art von Bewegung. In Wirklichkeit ist es ein Loslassen unseres weltlichen Ichs, um unser wahres Ich in Jesus zu finden.

Und ganz im Gegensatz zur allgemeinen Vorstellung sind wir nicht dazu aufgerufen, Jesus nachzuahmen, sondern wir sind aufgerufen, eine Gemeinschaft von Menschen zu stiften, die auf verschiedene Weisen die große Liebe Jesu spiegelt. Niemand von uns kann die Fülle dieser Liebe spiegeln. Deshalb sieht die Nachfolge Jesu für jeden von uns etwas anders aus. Bei diesem Bestreben gibt es viele Formen und Gestalten. Das Begeisternde an der christlichen Gemeinschaft ist, dass sie uns so viele unterschiedliche Weisen der Jüngerschaft eröffnet; wir können ganz aktiv oder ganz kontemplativ sein. Wir können auch beides verkörpern, in vielfältiger Form. Manche von uns sind recht leidenschaftlich und aktiv, andere viel stiller und kaum wahrnehmbar.

Jesus nachzufolgen heißt auch nicht, von Jesus getragen zu werden. Jesus nachzufolgen heißt nicht, dass Jesus uns vom Boden aufhebt. Wir sagen ja oft: „Ich folge Jesus nach, und so ist alles gut“, oder: „Ich habe für dich zu Jesus gebetet und alles wird gut." Aber viele von uns wissen ja, dass dies so einfach nicht ist.

Zuweilen sind wir energisch darauf aus, in uns oder um uns Jesus zum Problemlöser zu machen. Wir meinen, er werde alle unsere Probleme lösen, und wenn sich nicht alle unsere Probleme lösten, hätten wir eben nicht genug Glauben. Das ist nicht wirklich Jesu Absicht – oder zumindest nicht das, was im Evangelium steht. Jesus ist nicht dazu da, uns aus der Patsche zu helfen. Er ist nicht der Allheiler aller unserer Schwierigkeiten. Jesus ist nicht der Endpunkt der schweren Zeiten in unserem Leben. Das ist Jesus nicht.

Jesus nachzufolgen heißt, dass *wir* das Gehen unternehmen. *Wir* sind diejenigen, die reden, lebendig sein, sich engagieren sollen. *Wir* sind die Ringenden; diejenigen, die sich gewaltige Mühe geben müssen. In gewisser Hinsicht räumt Jesus uns die Schwierigkeiten auf unserem Weg nicht beiseite. Ich wage sogar zu sagen, dass Jesus nachzufolgen heißt, dass alles anders wird und dennoch das gleiche bleibt. Wir wissen recht gut, dass diejenigen, die Jesus nachfolgen – seine Jünger – Menschen sind, die ein echtes Menschenleben führen. Sie meistern ihr eigenes Leben nicht deshalb leichter, weil sie Jünger sind.

Wie viele von uns wissen, kann in Wirklichkeit das Leben schwieriger – und schmerzlicher – werden, wenn wir uns dafür entscheiden, Jesus nachzufolgen. Aber gleichzeitig kommt uns eine gewisse Stärke, weil wir mit unserem Leben oder unserem schweren Ringen nicht allein sind. Wir durchleben unser Ringen nicht mehr ganz allein auf uns gestellt. Wir empfinden unsere Schmerzen nicht mehr so, als kümmere sich niemand darum. Tatsächlich heißt Jesus nachfolgen ja, dass man auf seinem Weg geht, seine Schritte hinter dem setzt, der uns in unserer finsteren, gebrochenen, schmerzlichen Welt den Weg zeigt.

Jesu nachzufolgen heißt, unser Leben in Gefährtenschaft mit dem zu leben, der uns voll und ganz versteht. Im Altfranzösischen ist der „Gefährte" der *compaignon*, zusammengesetzt aus den lateinischen Begriffen *com* („zusammen mit") und *panis* („Brot") – im Deutschen „Kumpan" –, was wörtlich übersetzt heißt: „der Mitesser des Brotes".

Jesus nachfolgen heißt, ein Leben in Gemeinschaft zu führen, mit einem Begleiter und Führer.

Es macht einen gewaltigen Unterschied aus, ob wir uns allein oder gemeinsam durchkämpfen. Zu wissen, dass unser Leben immer noch ein Kampf bleibt, aber nicht länger ein einsamer Kampf, ist eine völlig neue Erfahrung. Wenn man Jesus nachfolgt, wird das Leben ganz anders und recht neu.

Wenn wir unseren Weg mit Jesus gehen, dürfen wir wissen, dass wir einen Mitreisenden haben, einen Mit-uns. Jesus ist der Gott-mit-uns, derjenige, auf den wir unser ganzes Leben lang hoffen können; derjenige, der uns den Weg zeigt.

Herr Jesus,

mach mich frei von den vielen Dingen, die mich beschäftigen und in Beschlag nehmen. Hilf mir, einfach nur bei dir zu sein.

Ich will mit dir beten, dich verherrlichen, dir danken, dich anbeten. Ich möchte auf dich achten, aufmerksamer auf dich hören, bereitwilliger das Geheimnis deiner Geburt und deines Lebens, deines Sterbens und deines Auferstehens verstehen.

Lass mich still werden, Herr, lass mich zur Ruhe kommen und sprich du in diesem Schweigen zu mir.

Amen.

KAPITEL VIER

DER PREIS

„Nimm dein Kreuz auf dich“

„Kommt alle zu mir, die ihr euch plagt und schwere Lasten zu tragen habt. Ich werde euch Ruhe verschaffen. Nehmt mein Joch auf euch und lernt von mir; denn ich bin gütig und von Herzen demütig; so werdet ihr Ruhe finden für eure Seele. Denn mein Joch drückt nicht, und meine Last ist leicht.“

Matthäus 11,28–30

Alles, was existiert, Himmel und Erde, wurde von Gottes Wort erschaffen. Es gibt nichts, das nicht Gott ausgesprochen hätte. Gott hat das Wort gesprochen und durch das Wort Gottes hat alles Leben.

Alles, was existiert, ist vom Wort Gottes erschaffen. Gott hat zu uns gesprochen.

Das Wort Gottes – Jesus – ist Fleisch geworden, hat unter uns gewohnt, hat in einer Kleinstadt in einem kleinen Land gelebt, irgendwo auf einem der Planeten in unserem Sonnensystem.

Das Wort, durch das alles geschaffen wurde, wurde ein Mensch namens Jesus.

Was das bedeutet, hat der heilige Paulus so wunderschön damit zum Ausdruck gebracht, dass er sagte, Jesus Christus, das Wort Gottes, habe sich nicht an seine göttlichen Privilegien geklammert, *der* zu sein, durch den alles erschaffen wurde, sondern er habe sich ganz leer gemacht und sei einer von uns geworden. Ja mehr noch: Er sei nicht nur einer von uns geworden, sondern gehorsam bis zum Tod, ja zum Tod am Kreuz geworden.

Gott, in dem alles erschaffen ist, hat sein Gottsein abgelegt. Das heißt, er hat sich nicht an seine göttlichen Privilegien geklammert, sondern beschlossen, einer von uns zu werden. Er war der Eine, der unser Leben in dem gesamten Ausmaß, das dies bedeutet, mitleben wollte. Das heißt, der Eine wollte mit uns sterben. Er wollte unser leibhaftiges Menschsein an seinem Leib erfahren, wollte mit uns in die Absurdität des Todes hineingehen.

Der Tod ist so absurd. Wer von uns kann ihn wirklich fassen? Wir wollen leben – und dennoch ist da die Gewissheit, dass wir sterben. Gott wollte mit uns in diese Absurdität des Todes hineingehen und die Verfassung des Menschseins voller und totaler mit uns mitempfinden, als wir selbst das tun können.

Er hat das sichtbar gemacht, indem er den absurdesten Tod starb. Der Heilige wurde zwischen zwei Verbrechern nackt ans Kreuz genagelt. Das ist das unsagbare Geheimnis, an das wir Christen glauben.

Aber glauben wir das wirklich?

Gott, von dem alles erschaffen wurde, wurde ans Kreuz gehängt, als wäre er ein Sünder. Er wurde ausgestoßen und vernichtet. Aber auf diese Weise wurde Gott tiefer mit der Menschheit vereint, als wir das überhaupt glauben können.

Ich möchte, dass Sie den folgenden einen Satz hören. Er ist sehr wichtig. Er steht im Johannesevangelium. „Wenn ich von der Erde erhöht sein werde", sagt Jesus (sowohl am Kreuz, als auch beim Erhöhtwerden in seiner Auferstehung), „werde ich alle [Menschen] an mich ziehen" (Johannes 12,32). Das heißt, dass die göttliche Bewegung von Tod und Auferstehung eine Bewegung ist, mittels derer alles menschliche Fleisch erhöht worden ist. Es heißt, dass die gesamte Menschheit in dieses Geheimnis von Christi Tod und Auferstehung mit einbezogen worden ist. Es heißt, dass in Jesu Tod alle menschliche Sterblichkeit, Gebrochenheit, Krankheit, Schwachheit, Verwirrung, Agonie und Einsamkeit mit einbezogen worden sind. Es heißt, dass es nirgendwo auf der Welt ein Menschenwesen gibt, das nicht mit Jesus am Kreuz erhöht worden wäre.

Wenn es stimmt, dass Jesus am Kreuz das Wort ist, in dem alles erschaffen wurde, dann sind wir alle mit Christus am Kreuz erhöht. Alles menschliche Fleisch – sei es von Kindern, Teenagern, jungen Erwachsenen, reifen Menschen, älteren Menschen; sei es in den USA, in Russland,

Asien, Afrika, Irland, Nicaragua; seien wir Gefangene oder freie Menschen; seien wir Menschen im Krieg oder Menschen im Frieden; seien wir arme oder seien wir reiche Menschen – alle sind bei diesem Ereignis auf Golgatha erhöht worden. Nicht nur die Menschen dieser Welt hier und heute, sondern auch die Menschen früherer Generationen, die Menschen aus den Jahrhunderten vor Christus und auch die Menschen in den Jahrhunderten vor uns, deren Ende wir nicht kennen; alle diese Menschen in Vergangenheit, Gegenwart und Zukunft sind in diesem Geheimnis von Christi Tod und Auferstehung erhöht worden.

Die gesamte Menschheit ist ans Kreuz genagelt worden. Es gibt kein Leiden, sei es wegen Einsamkeit, Wut, Schmerz oder Ablehnung, das nicht von Gott erlitten worden wäre. Deswegen sind wir mit unserer Wut, mit unserem Schmerz, mit unserem Ringen in Gott und durch den Tod und die Auferstehung Jesu erhöht. Der auferstandene Herr ist der Herr, in dessen Leib wir alle versammelt sind – die gesamte Menschheit.

In dieser Vorstellung steckt große Hoffnung. Das ist das Geheimnis, Jesus als die Manifestation von Gottes Mitleid zu sehen.

Wissen Sie, woher das Wort „Mitleid" kommt? Es stammt von den lateinischen Wörtern *com*, was „mit" bedeutet, und *passio*, „leiden". Jesus manifestiert uns, dass unser Gott ein Gott ist, der mit uns allen leidet. Es gibt kein menschliches Leiden in Ihnen oder irgendjemand sonst auf der Welt, das nicht auch Gott gelitten hätte. Der Trost beginnt mit diesem Wissen. Gott erleidet alles Leiden der Menschen.

Im Alten Testament ist das hebräische Wort für Mitleiden *rechem*, was wörtlich „Mutterschoß“ bedeutet. Folglich ist Gott eine Mutter, die das Leiden ihrer Kinder in ihrem Schoß miterleidet.

Im griechischen Urtext des Evangeliums heißt es, wenn Jesus sagt, er habe Mitleid, genau übersetzt, er habe Mit-Leiden. Er empfand den Todeskampf und Schmerz der Menschen in seinen „Eingeweiden“, seinen inneren Organen. Er litt so tief und war derart bewegt, dass er beim Anblick der Witwe von Nain und ihres Kindes, das begraben werden sollte, Mit-Leid hatte (Lukas 7,11–17). Er erlebte das Leid und den ungeheuren Schmerz dieser Mutter, dieser Witwe, dieser einsamen Frau derart tief mit, dass er ihr Kind vom Tod auferweckte. Sein Mit-Leid wurde zur Bewegung zum Leben hin.

Dieses großartige Ereignis in Nain ist nicht deswegen so wichtig, weil Jesus da ein Wunder wirkte. Das Großartige daran ist, dass Jesus das Leiden dieser Frau spürte – *so tief, wie diese Frau selbst es verspürte* – und es deshalb in ihm zur Bewegung wurde, zur Bewegung zum Leben hin. Es war ein Mitleiden mit dieser Frau und wurde ein solches Einswerden mit ihr, dass es Leben spendend wurde, sodass der Mutter dieses Kind wieder zurückgeschenkt wurde.

Gottes Mitleiden mit allem menschlichen Leiden ist genau das, was am Kreuz sichtbar wird. Das bedeutet, dass wir alle aufgerufen sind, in den Menschen Gottes Leiden zu sehen. Jedes Mal wenn wir jemanden sehen, der voller Schmerzen ist, und wir uns fragen, wie dieser Mensch das nur durchhält, sollten wir wissen, dass Gott diese Schmerzen erlitten hat und sie mit diesem Menschen wieder mitleidet. In gewisser Hinsicht ist die gesamte Geschichte die Offenbarung der Tiefe von Gottes Leiden. Aus christlicher Sicht ist die Geschichte die Entfaltung der Intensität und Unermesslichkeit von Gottes Leiden, aber auch von Gottes Auferstehung, denn inmitten alles Leidens können wir immer und immer wieder Zeichen der Hoffnung erkennen.

Unser Kreuz

Wenn wir uns die Morgennachrichten anhören, könnten wir uns fragen, wie da alle in Ruhe frühstücken und dann zur Arbeit gehen können. In all diesen Berichten steckt soviel Schmerzliches. Da denke ich bei mir: „Wenn ich das alles ganz ernst nehme, wie kann ich da überhaupt noch etwas tun?" Ich höre von Krieg, Hungersnot, Terrorismus und Umweltkatastrophen und ich denke bei mir: „Wenn ich mich darauf so konzentriere, kann ich ja kaum mehr richtig leben." Zuweilen besteht der einzige Weg zum Überleben darin, dass man abstumpft und sich sagt: „Ich kann mir das alles gar nicht mehr anhören. Es ist mir zu viel. Ich kann nichts dagegen tun. Ich habe meine eigenen Probleme."

Oder man kann wütend werden. Wenn zum Beispiel am Sonntagmorgen der Pastor auf alle Probleme in der Welt zu sprechen kommt, wir schon die ganze Woche hindurch von diesen haben reden hören und sie dann am Sonntagmorgen schon wieder verkündet werden, fühlen wir uns machtlos. „Was wollt ihr denn, das wir dagegen tun?" Wir werden bestürzt, nervös und wütend, und das hilft niemandem und führt oft dazu, dass wir unsererseits am Ende gar nichts tun. Wir möchten sogar lieber schreien: „Warum könnt ihr uns stattdessen nicht etwas Schöneres sagen?“

Wenn man mit dem Leiden von Menschen konfrontiert wird, führt das nicht zum Mit-Leiden. Es führt eher zu Wut, Abstumpfung, Irritation und Ablehnung, denn wir wissen nicht, wie wir mit all dem umgehen sollen. Es ist zu viel. Es ist eine schwere Last – zu schwer, als dass wir sie tragen könnten.

Dann gibt es da die kleinen Leiden, die zur schweren Last werden. Diese Leiden können zuweilen noch schlimmer sein und sie haben mehr Macht über uns.

Das sind die kleinen Dinge, die uns zustoßen und uns den ganzen Tag lang beschäftigen können. Sie können uns besetzen: ein irritierender Chef, der Verkehr, eine unfreundliche Geste, ein ablehnendes Wort, Fehler bei der Arbeit. Es sind kleine Dinge, aber sie können uns alle Freude nehmen. Die kleinen Dinge werden zu schweren Lasten, weil sie uns beschäftigen und sich in unserem Herzen einnisten.

Dann fühlen wir uns überlastet. Oft sagen wir: „Wenn ich nur dieses oder jenes hinbringen würde, könnte ich mich wohler fühlen.“ Aber es gibt immer irgendetwas Störendes. Jeder hat irgendeinen Dorn im Fleisch. Jeder hat etwas, das ihn oder sie auf irgendeine Weise leiden lässt. Auch wenn es anfangs nicht immer gleich ans Licht kommt, trägt jedes menschliche Herz irgendeinen tiefen Schmerz mit sich. Zuweilen scheint es, dass die kleinen Kreuze schwerer zu tragen seien als die großen. Von der Kirche nimmt man an, dass sie voller Liebe ist, aber zuweilen gibt es in einer Kirche auch Menschen, die einander hassen. Da kann es in deinem Umfeld und deiner Gemeinschaft Eifersucht oder Ärger geben, wie das kaum zu ertragen ist. Ausgerechnet da, wo du Liebe erwartest, findest du Konflikt und Schmerz.

Das geschieht vor allem dann, wenn wir uns von Gott losgelöst fühlen. Eine Last wird zur schweren Last, wenn man nicht spürt, dass sie mit irgendetwas anderem verbunden ist. Das ist dann eine Last, die wir allein tragen müssen und die niemand mit uns teilt. Sie ist dann nicht Teil von etwas Größerem. Sie ist einfach nur da und drückt uns nieder, nieder, nieder.

Jesus sagt: „Nehmt euer Kreuz auf euch und folgt mir nach" (Lukas 9,23). Er sagt: „Nehmt meine Last auf euch. Sie ist die Last der ganzen Welt und wird eine leichte Last sein. Nehmt mein Joch auf euch und es wird sich als leichtes Joch erweisen" (vgl. Matthäus 11,30).

Das ist das Geheimnis des christlichen Lebens. Es ist nicht so, dass Gott gekommen wäre, unsere Last wegzunehmen oder unser Kreuz wegzunehmen oder unsere Todesangst wegzunehmen. Nein. Gott ist gekommen, um uns einzuladen, unsere Last mit seiner Last zu verbinden, unser Leiden mit Gottes Leiden zu verbinden, unseren Schmerz mit Gottes Schmerz zu verbinden.

Die großartige Einladung des christlichen Lebens ist die, ein Leben in Verbundenheit mit dem Sohn Gottes zu führen, der gebrochen gestorben ist. Es ist eine Einladung, es zu wagen, ein mit Gott verbundenes Leben zu führen, der uns seine Last als leichte Last auferlegen will, weil dies eine Last ist, die Gott bereits für uns getragen hat.

Darin steckt noch mehr. Gott hat nicht nur Mitleid mit uns, sondern wir sollten auch bereit sein, mit Gott mitzuleiden. Wir müssen *compati* mit Gott. *Compati* ist der lateinische Begriff für „leiden mit" – wir müssen mit Gott leiden.

Diese Einladung, mit Gott zu leiden, ist vermutlich das Tiefste, was wir in der christlichen Tradition sehen. Mitleiden heißt nicht nur, dass Gott mit uns leidet, sondern dass jetzt wir eingeladen sind, mit Gott zu leiden.

Der heilige Franz von Assisi, Teresa von Ávila und Johannes vom Kreuz sprechen vom Mitleiden. Sie sprechen vom Geheimnis, mit Christus zu leiden. Sie sprechen von ihrem Leiden als Teilhaben an Gottes Leiden, und mittels dieses Verbundenseins verliert ihr Leiden seinen absurden Charakter. Es ist immer noch schmerzlich. Es ist immer noch schwer. Es ist immer noch ein Todeskampf. Es ist immer noch schwierig. Es ist immer noch einsam. Aber in Verbindung mit dem Kreuz wird es zu etwas Neuem.

Blickt man auf den Menschen, der durchbohrt und gebrochen ist, so sieht man die Liebe Gottes, die für uns aufleuchtet. Man fühlt die Wärme und das ganz Neue, das einen durchströmt. Jedes Mal, wenn man auf sein eigenes Ringen, seinen Schmerz und seine Lasten, die man zu tragen hat, blickt, sieht man das eigene Ringen, das sich genau hier am Kreuz mit dem Sohn Gottes abspielt. Dein Ringen wird eine leichte Last, weil es die Last Gottes ist und Gott für uns gelitten hat.

„Sein Kreuz auf sich zu nehmen", heißt nicht, nach Schmerzen Ausschau zu halten, sondern es bedeutet, dem Kreuz zu folgen. Es bedeutet nicht, nach einem Problem zu suchen. Eine Menge Probleme haben wir ja. Wir brauchen nicht noch mehr davon. Zuweilen meinen wir, „das Kreuz auf uns zu nehmen" bedeute, mit uns selbst hart umzugehen. Das ist nicht das, was Jesus meint. „Sein Kreuz auf sich zu nehmen", bedeutet vor allem, zuzugeben, wo wir leiden, und das anzuerkennen.

Zuweilen konzentrieren wir uns auf die großen Probleme. Ich bin der Ansicht, wir sollten uns auf unsere kleinen Probleme konzentrieren.

Wir leiden fast jeden Augenblick unseres Lebens. Es gibt immer etwas, mit dem wir uns etwas schwertun. Es gibt immer irgendeinen Schmerz, den wir irgendwie unterdrücken und nicht ganz ernst nehmen. Aber dieser Schmerz ist ein Kreuz. Nehmen wir dieses Kreuz auf uns? Geben wir es zu? Sagen wir dazu Ja? Oft hat es den Anschein, als seien wir willens, lieber eine andere Art Kreuz zu tragen als dasjenige, das wir bereits haben.

„Dieser Mensch hat heute noch gar nicht mit mir gesprochen. Das ist nichts wirklich Besonderes, tut aber doch ein bisschen weh. Das ist ein Kreuz, ein kleines, aber ich lasse es als Kreuz gelten."

„Ich habe von meinem Freund nichts gehört. Das schmerzt ein bisschen. Ich muss nicht gleich über alle diese Verletzungen hinwegsehen und so tun, als gebe es sie nicht."

Das Bemerkenswerte dabei ist, dass bereits die Fähigkeit, diese kleinen Verletzungen wahrzunehmen, es uns ganz langsam ermöglicht, in unser eigenes Haus heimzukommen und nicht davor Angst zu haben, dass etwas noch Schlimmeres kommen könnte. Wir haben dann keine Angst, weil wir schon anzuerkennen bereit sind, dass uns das zusetzt. Es ist uns bekannt.

Jesus sagt: „Nimm dein Kreuz auf dich." Er hat nicht gesagt: „Richte dir dein Kreuz her", „Mach dir dein Kreuz" oder: „Geh deinem Kreuz nach", sondern: „Nimm dein Kreuz auf dich", und das bedeutet: Habe den Mut, deinen Schmerz zu sehen.

Wir leben in einer Kultur, die ständig diese innerlichen Leiden leugnet. Sie tun dann nicht weniger weh.

Wir sagen: „Mein Freund ist gestorben. Ich muss tapfer bleiben."

Das ist sehr schmerzlich. Es gab eine Zeit, in der die Menschen lange Trauerzeiten hielten. Sie spürten ihren Schmerz und ließen die Früchte der Trauer in sich reifen.

Es gibt eine Menge Stellen, an denen wir wirklich Schmerzen empfinden. Lasst uns sie nicht ignorieren. Lasst uns sie nicht leugnen, sondern sagen wir lieber: „Ja, das ist schwierig und ich will es so stehen lassen."

Gib es zu. Sage: „An dieser Stelle hier tut es weh. Das ist mein Leben, und mein Leben bringt auch sein Leiden mit sich. Kann ich das aushalten? Kann ich es erkennen und dazu Ja sagen? Ich kann dieses Leben führen. Ich möchte dieses Leben leben. Es ist schmerzlich und hat einzigartige Verletzungen, aber es gehört mir. Ich möchte es so annehmen, wie es ist, denn wenn ich weiterhin meinen Schmerz ignoriere, werde ich in meinem Leben niemals mehr Freude schmecken können."

Das ist das erste, was Jesus sagt: „Nimm dein Kreuz auf dich. Nimm es an."

„Folge mir nach." Das ist das Zweite, wozu er dich auffordert.

Jesus sagt: „Lass das Tragen deines Kreuzes zum Bestandteil deines Jüngerseins werden. Bring es mit mir in Verbindung. Bring es mit Gottes Weg in Verbindung."

Wir alle sind berufen – sind genötigt –, unseren Schmerz in die heilige Gegenwart des Kreuzes zu bringen. Darum geht es im Gebetsleben. Wir beten, wenn wir sprechen: „Herr, es tut weh, von Menschen, die ich liebe, nicht geliebt zu werden. Ich sehe, wie sehr du abgelehnt worden bist, und ich möchte meine Erfahrung, abgelehnt zu werden, mit der deinigen verbinden."

Oder wir beten: „Herr, ich bin heute so voller Angst. Ich weiß nicht, woher das kommt, aber diese Ängste sind einfach da. Ich möchte sie in deine Gegenwart stellen, sie direkt zu dir in den Garten Gethsemane tragen und mit deiner Angst verbinden, sodass meine Angst an deinem Ringen Anteil hat, an diesem Ringen, weiterzuleben."

Wir müssen irgendwie den Mut aufbringen, zu sagen: „Herr, mein Körper ächzt. Ich habe körperliche Schmerzen. Ich weiß nicht, warum mir die Ärzte mit diesem Schmerz nicht helfen können. Aber ich möchte wissen, dass auch du spürst, wie weh körperlicher Schmerz tut, und dass du ein

Gott mit einem Leib bist, der auferstanden ist, und dass die Wunden an diesem Leib sichtbar waren. Du hattest Wunden an deinen Händen. Wunden an deinen Füßen. Wunden an deiner Seite. Lass mein Verwundetsein Teil deines Verwundetseins werden, sodass mein Verwundetsein mich nicht bitter oder verärgert, wütend oder aufgebracht macht, sondern mich in Kontakt mit dem Geheimnis deines Sterbens und Auferstehens bringt. Ich versetze mein ganzes Sein in deine Gegenwart. Ich bringe dir alle meine Ängste und Schmerzen. Lass mein Kreuz mit dem deinen verschmelzen. Dann wird meine Last deine Last und diese Erfahrung erfüllt mich mit neuem Leben und neuer Hoffnung."

Ich mache mir viele Sorgen. Du machst dir viele Sorgen. Es gibt eine Menge Dinge, unter denen wir gewaltig leiden. Wir machen uns Sorgen um morgen und gestern, diesen Menschen und jenen Menschen. Aber packen wir das wirklich alles zusammen und bringen es in die Gegenwart?

Bring es vor den Einen, der dies alles bereits einmal durchlitten und in seinem auferstandenen Leib emporgehoben hat.

Stellst du wirklich diese Verbindung her, sodass etwas Neues geschehen kann?

Ist diese Verbindung hergestellt, so ist etwas Neues geboren. Immer wenn eine Verbindung zwischen uns und dem Licht Gottes hergestellt ist, beginnt etwas Neues, findet in uns eine Art Erneuerung statt. Und immer, wenn wir unseren Schmerz abgetrennt oder verborgen halten – „Mich bringt das zu sehr in Verlegenheit", „Ich kann das nicht allen sagen, es wäre zu albern" –, wird diese Last größer und schwerer.

Wenn wir beten, verknüpfen wir unser ganzes Leben mit Gottes Leben. Gottes Liebe kann durch unsere Adern rinnen – unsere geistlichen Adern –, durch unser Herz und unser Wesen. Dann entdecken wir eine ganz neue Daseinsweise. Wir können mit unserem Ringen auf völlig neue Weise umgehen. Alle Unterscheidungen, die wir bezüglich unseres Wohlbefindens machen – „Ich bin glücklich" – „Ich bin traurig" –, können auf eine bestimmte Weise in etwas ganz Neues hinein überschritten werden.

Nimmt deine Sorgen und verwandle sie in Gebet. Nimm deine Angst und verbinde sie mit Gottes Angst. Nimm deine Niedergeschlagenheit und sieh sie in der Gegenwart von Gottes Sterben am Kreuz. Bring sie in die Gegenwart dessen, der dies alles erlitten und durchlebt hat. Du wirst entdecken, dass du in der Gegenwart Jesu jenseits von Schmerz und Freude, Traurigkeit und Frohsein leben kannst. Wenn du betest, verbinde dein Leben mit Gottes Leben. Du lebst dann auf ganz neue Weise.

Ich war einmal ganz gewaltig deprimiert und fühlte mich angesichts von allem sehr traurig. Ich war in Flagstaff in Arizona und beschloss, zum Grand Canyon zu gehen. Dort sah ich Milliarden von Jahren der Schöpfung und mir ging auf: Wenn alle diese Jahre den Zeitraum einer Stunde umfassen würden, wäre ich nicht in der letzten Sekunde dieser Stunde auf die Welt gekommen, sondern erst in einem winzigen Abschnitt dieser letzten Sekunde.

Beim Hinsehen dachte ich: „Meine Güte. Warum habe ich alle diese Probleme?“ Beim Anblick des Grand Canyon, dieses ungeheuren Abgrunds voller Schönheit, fiel diese merkwürdige Niedergeschlagenheit von mir ab. Ich verspürte das Schweigen. Angesichts dieses Naturwunders kam mir der Gedanke: „Worum machst du dir Sorgen? Du tust so, als trügest du die Last der Welt – einer Welt, die unendlich lange vor dir da war und die auch noch ganz lange Zeit nach dir da sein wird. Warum freust du dich nicht einfach nur deines Lebens und lebst es wirklich?“

Dieses Bild vom Grand Canyon blieb mir noch recht lange Zeit gegenwärtig. Gott ist wie der Grand Canyon. Gott litt unter der Wunde, der Wunde der ganzen Menschheit, und wenn ich in die Gegenwart dieser Wunde eintrete, wird meine eigene Wunde eine leichte Last oder ein leichter Schmerz. Und das nicht, weil sie nicht da wäre, sondern weil sie von der Liebe umfangen worden ist. Ich kann meinen Schmerz ausleben und werde nicht von ihm zerstört. Ich kann meinen Schmerz zugeben und werde nicht von ihm gelähmt. Der Grand Canyon hat mich dazu aufgefordert, in einen Abgrund der göttlichen Liebe einzutreten und zu erfahren, dass ich unermesslich geliebt und umsorgt bin. Da empfand ich die Einladung, mit neuem Herzen, mit Gottes Herz, wieder mein Leben aufzunehmen.

Bei vielen von uns ist es so, dass wir Jesus, falls wir ihm überhaupt nachfolgen, aus Angst nachfolgen. Aber wenn wir ihm aus Angst nachfolgen – Angst vor der Hölle, vor dem Fegefeuer; Angst davor, abgelehnt zu werden oder nicht akzeptiert zu werden –, ist das keine Nachfolge. Wenn man Jesus nachfolgt und das aus Angst tut, kann das keine Form der Jüngerschaft sein. In uns steckt eine Menge Angst. Zuweilen erschreckt es mich, wie angstvoll wir in Wirklichkeit sind.

Wir stellen uns die Frage: „Was passiert, wenn ich ihm nicht nachfolge?“

„Was wird wohl passieren, wenn ich schließlich nach da oben komme? Was werde ich da sagen können?“

Vielleicht geben wir das nicht zu, aber zuweilen sagen wir: „Na ja, Jesus nachzufolgen ist der sichere Weg; aber wer weiß, was da alles passiert?“

Jesus möchte nicht, dass wir ihm aus Angst folgen, sondern aus Liebe. Das ganze Neue Testament hindurch hören wir: „Fürchte dich nicht.“ Das sagt ein Engel zu Zacharias (Lukas 1,13) und sagt ein Engel zu Maria (Lukas 1,30). Die Engel am Grab, aus dem Jesus auferstanden ist, sagen: „Fürchtet euch nicht“ (Matthäus 28,5). Jesus selbst sagt: „Habt Vertrauen, ich bin es; fürchtet euch nicht!“ (Matthäus 14,27).

Die Furcht kommt nicht von Gott, denn Gott ist ein Gott, der zuallererst liebt. Johannes sagt das so schön: „Furcht gibt es in der Liebe nicht, sondern die vollkommene Liebe vertreibt die Furcht“ (1. Johannes 4,18). Die Liebe Gottes ist die vollkommene Liebe, die die Grenzen unserer Angst durchbricht. Jesus sagt: „Fürchtet euch nicht. Haltet eure Augen auf mich gerichtet. Folgt mir nach.“

Erinnern wir uns an diese letzte wunderschöne Begebenheit im Johannesevangelium, wo Jesus Petrus fragt: „Simon, Sohn des Johannes, liebst du mich mehr als diese?“ und Petrus sagt: „Ja, Herr, du weißt, dass ich dich liebe.“ Jesus fragt ihn ein drittes Mal und Petrus sagt traurig: „Herr, du weißt alles: du weißt, dass ich dich liebhabe.“ Darauf sagt Jesus: „Weide meine Schafe!“ (Johannes 21,15–17). Hierauf sagt Jesus zu Petrus das Wichtigste, was wir hier und jetzt hören sollten: „Als du noch jung warst, hast du dich selbst gegürtet und konntest gehen, wohin du wolltest. Wenn du aber alt geworden bist, wirst du deine Hände ausstrecken, und ein anderer wird dich gürten und dich führen, wohin du nicht willst“ (Johannes 21,18).

Jesus will damit sagen: „Wenn du verliebt bist, wirklich tief verliebt bist, kannst du dich an Stellen führen lassen, die du dir nicht selbst ausgesucht hast. Der Mensch, der liebt, kann an Stellen gehen, an die er eigentlich lieber nicht gehen möchte.“

Damit stellt Jesus alle Psychologie auf den Kopf.

Er sagt nicht: „Wenn du jung bist, streckst du deine Hände aus und lässt andere Menschen dich gürten, und wenn du alt wirst, kannst du tun, was du tun willst.“ Nein, Jesus sagt es genau anders herum. Er sagt: „Wenn du jung bist, kannst du tun, was du tun willst, und wenn du alt bist, wirst du dahin geführt, wohin du eigentlich nicht gehen möchtest.“

Das geistliche Leben ist ein Leben, in dem wir mehr und mehr fähig werden, uns führen zu lassen, uns an schwer zu ertragende Orte führen zu lassen, an Orte, an die wir lieber nicht gehen möchten. Für Jesus war dies das Kreuz. Auch für Petrus war dies das Kreuz. Für Paulus und alle damaligen Jünger war dies eine Menge Leiden. Das ist kein Masochismus und auch keine Selbst-Geißelung. Da geht es auch gar nicht darum, mit uns selbst streng zu sein, sondern voller Liebe zu sein; so voll und so total von Liebe erfüllt zu sein, dass wir auch an Orte gehen, an die wir eigentlich lieber nicht gehen möchten.

Das Interessante dabei ist, dass wir dann, wenn wir voller Liebe sind, den Schmerz nicht auf die Weise verspüren, wie andere meinen. Wenn wir wirklich voller Liebe sind, bleiben unsere Augen nicht auf das gerichtet, was wehtut, sondern unsere Augen sind auf den Menschen gerichtet, den wir lieben. Wir setzen einen Schritt, einen weiteren, und noch einen, und noch einen weiteren. Eine Mutter oder ein Vater sagen: „Natürlich werde ich bei meinem Kind bleiben, wenn es krank ist. Ich liebe mein Kind. Ich lasse mein Kind nicht allein." Andere Leute sagen vielleicht: „Die leiden ja schwer." Aber solche Menschen haben die Energie, bei ihrem kranken Kind zu bleiben, weil sie ihr Kind über alles lieben.

Wenn wir verliebt sind, können wir an ganz schwierige Stätten gehen und dort als erstes nicht den Schmerz verspüren, sondern die Liebe.

Damit will ich nicht sagen, dass es da kein Leiden gäbe, sondern nur, dass wir dann unsere Aufmerksamkeit nicht darauf konzentrieren. Andere Menschen könnten sagen: „Ach mein Lieber, was du alles leiden musst – was für ein Elend. Das kann ja kein Mensch aushalten. Es ist schrecklich.

Ich könnte das nicht." Von außen her gesehen erscheint es dann als Unmöglichkeit, dass sie fähig sein könnten, dieses Leiden durchzustehen.

Wenn wir hinausgehen, um uns um die Ärmsten der Armen zu kümmern oder um Menschen, die im Sterben liegen oder im schlimmsten Elend, oder wenn wir einen Job aufgeben, um uns um andere kritische Dinge zu bemühen, können die Leute sagen: „Mein Gott, ich weiß gar nicht, wie du das fertigbringst." Viele von uns können dann zur Antwort geben: „Ich bin am Leben. Das ist leicht. Ich sehe gar nicht alle diese Probleme, von denen du redest. Ich bemühe mich einfach um die Nachfolge. Ich werde an alle diese Stätten geführt, von denen ich nie in meinem Leben gedacht hätte, dass ich sie aufsuchen würde."

Da hat vielleicht eine Mutter ein Kind, das so krank ist, dass sie sich ihr Leben lang um es kümmern muss. Bis dahin hatte sie gedacht, dass es sie wohl nie fertigbringen würde, auf diese Weise ihre Freiheit aufzugeben. Alle fragen sie, wie sie das nur fertigbringt. Sie sagt: „Ich bringe das hin. Ich habe keine Angst. Ich liebe mein Kind. Ich versuche, Jesus nachzufolgen."

Dem nachzufolgen, den wir lieben – das ist der volle Sinn der Nachfolge Jesu. Wir folgen ihm nicht aus Angst nach, sondern aus Liebe.

Lieber Herr,

schenk mir die rechten Augen zum Sehen und Ohren zum Hören. Ich weiß, dass in der Finsternis ein Licht steckt, das alles neu macht. Ich weiß, dass im Leiden neues Leben steckt, das mir eine neue Erde eröffnet. Ich weiß, dass es jenseits der Trauer eine Freude gibt, die mein Herz wieder jung werden lässt. Ja, Herr, ich weiß, dass es dich gibt, dass du wirkst, dass du liebst, dass du tatsächlich Licht, Leben und Wahrheit bist.

Menschen, Werke, Pläne, Projekte, Ideen, Konferenzen, Bauwerke, Gemälde, Musik und Literatur können mir nur dann wahre Freude und Frieden schenken, wenn ich sie als Widerspiegelungen deiner Gegenwart, deiner Herrlichkeit und deines Reiches sehen und hören kann.

Hilf mir also zum Sehen und Hören. Herr, zeige mir, wie du das siehst, werde mir in meinem Leben zum Führer und verleih allen meinen Sorgen Sinn.

*Amen.**

* Aus: *The Only Necessary Thing: Living a Prayerful Life*, Crossroad, S. 204f.

KAPITEL FÜNF

DIE BELOHNUNG

„Meine Freude wird die deine sein"

Jesus sagt: „Amen, amen, ich sage euch: Ihr werdet weinen und klagen, aber die Welt wird sich freuen; ihr werdet bekümmert sein, aber euer Kummer wird sich in Freude verwandeln. Wenn die Frau gebären soll, ist sie bekümmert, weil ihre Stunde da ist; aber wenn sie das Kind geboren hat, denkt sie nicht mehr an ihre Not über der Freude, dass ein Mensch zur Welt gekommen ist. So seid auch ihr jetzt bekümmert, aber ich werde euch wiedersehen; dann wird euer Herz sich freuen, und niemand nimmt euch eure Freude."

Johannes 16,20–22

Dann sagt Jesus: „Dies habe ich euch gesagt, damit meine Freude in euch ist und damit eure Freude vollkommen wird."

Johannes 15,11

Die Belohnung für die Nachfolge Jesu ist die Freude. Sie ist Bestandteil des Verliebtseins. Auf die Freude haben wir Anspruch, denn dieses große Geschenk hat Jesus uns beschert.

Freude lässt sich gar nicht so leicht zum Ausdruck bringen. Wir können scheinbar besser über Leid sprechen. Aber wir müssen lernen, unserer Freude Ausdruck zu verleihen, denn die Freude ist die große Belohnung für diejenigen, die das Kreuz auf sich nehmen und Jesus nachfolgen.

Auch wenn es uns schwerfällt, über die Freude zu sprechen, ist es wichtig, das zu tun, denn wenn man in den Städten und Dörfern rundum schaut, bekommt man recht viele sehr ernste Menschen zu sehen, sehr, sehr ernste Menschen. Das ist erstaunlich. Ist man auf der Straße unterwegs, begegnet man so vielen ernsten Gesichtern. Alle tun lauter ganz ernsthafte Dinge. Sie tun sie und erfüllen damit ihre Pflicht, die es jetzt zu tun gilt, weil es dringend ist. Es muss noch diese Woche erledigt werden, weil es sehr ernst ist. Interessant daran ist, dass die Ernsthaftigkeit, diese Gewissheit, diese gewisse Nüchternheit oft gerade für gut situierte Menschen charakteristisch ist. Wenn ich an der *Harvard Divinity School* unterrichte, ist es gar nicht so leicht, jemandem ein Lächeln abzugewinnen.

„Stör mich nicht. Ich muss noch schnell etwas aufschreiben. Ich muss kritisch sein. Und es ist ganz wichtig."

Anscheinend hat das Ernstsein etwas mit Leistung zu tun. Wir sind zu unseren Vorhaben verpflichtet. Wir verfolgen Zwecke, die wir erledigen müssen. Und das erfüllen wir mit ganz großer Ernsthaftigkeit.

Ich habe einmal in Lima in Peru gelebt, in einer bitterarmen Umgebung. Jeder, der dorthin kommt, bekommt den überwältigenden Eindruck – ich romantisiere das hier nicht –, dass arme Menschen, Menschen mit allen nur möglichen Schwierigkeiten, nicht einfach bloß herumsitzen und miteinander über diese Schwierigkeiten reden. Ich will dazu die folgende kleine Geschichte erzählen:

Ich war nach Lima gegangen, weil ich der Meinung gewesen war, es sei eine gute Idee, dorthin zu gehen und ein Hilfsprojekt zu starten. Ich hatte vor, etwas gegen die dortige große Armut zu tun. Dazu lebte ich bei einer Familie in einem *Barrio* namens Pamplona Alta außerhalb der Stadtgrenzen auf sehr dürrem Wüstenboden. Aber die umliegenden Hügel waren mit tausenden von Hütten überzogen. Ich musste täglich mindestens zwanzig Minuten lang von dem Haus, wo ich wohnte, bis zur Kirche gehen. Das war eine unglaubliche Erfahrung, denn wenn ich das Haus verließ, in dem ich mit Pablito, Maria, Sophia, Pablo und dem kleinen Johnny lebte, kamen immer viele kleine Kinder aus ihren Häusern gerannt, um mich zu sehen. Sie riefen „Padrecito, Padrecito!“, rannten zu mir her und klammerten sich an mich. Einen solchen netten, großen Amerikaner hatten sie noch nie gesehen, und deshalb fassten sie mich alle an, und ehe ich es recht merkte, hatte ich an jedem Finger ein Kind! Sie ließen mich gar nicht mehr los.

„Lasst mich los. Ich will den Armen helfen!“

Aber sie wollten mich nicht loslassen. Sie zogen mich zu Boden und ich saß da im Sand, mit allen diesen Kindern um mich herum, die mich ansahen, mich berührten und meine

Beine betasteten. En Kind schaute in meinen Mund und sagte: „Hast du aber einen großen Mund!" Sie waren so aufgeregt, mich bloß zu sehen, und da stand ich mit meinem Fünfjahresplan.

„Ich muss gehen. Ich muss den Armen helfen."

Sie hielten mich fest und sagten: „Spiel mit uns. Sieh doch, was für ein schöner Tag heute ist!"

Diese kleinen Kinder sagten mir: Wenn es jetzt etwas zu tun gibt, das der Mühe wert ist, dann liegt es jetzt direkt hier vor mir, hier und jetzt.

„Komm, wir spielen Fußball! Lächeln wir einfach drauflos! Lass uns lachen!"

Sie lachten, schrien, kletterten an mir hoch und trieben Späße. Das war staunenswert. Sie konnten richtig feiern!

Diese Kinder brachten mir zu Bewusstsein, dass wir eine umgekehrte Mission betreiben müssten; eine Mission von denen her, die in Lateinamerika leiden, zu uns hierher in Nordamerika, damit sie uns zeigten, dass Leiden und mühsames Ringen ums Überleben niemals ganz ohne Freude ist. Lachen und Spielen bringen göttliche Heilung.

Ich will damit nicht sagen, dass wir nichts gegen Unterdrückung, Hunger und Armut tun sollten. Aber wenn wir nicht dazu fähig sind, an der Freude der Kinder inmitten ihrer Armut teilzuhaben – was haben wir ihnen dann wirklich zu geben?

Lasst uns dabei nicht so ernst sein, als seien wir die einzigen, die die Welt retten könnten. Nur Gott rettet die Welt. Das ist etwas, angesichts dessen man froh bleiben kann.

Es ist gar nicht so leicht, über die Freude zu sprechen. In Holland hatte ich einen Professor, der drei Jahre lang das Thema „Angst“ behandelte. Wir studierten Kierkegaard, Sartre und Camus und eine Menge andere Leute, die damit Karriere gemacht hatten, dass sie etwas zum Thema „Angst“ geschrieben hatten. Ich stellte ihm die Frage: „Können Sie auch eine Vorlesung über die Freude halten?“ Er gab mir zur Antwort: „Das habe ich schon versucht, aber darüber kann ich nicht viel sagen.“

Wenn mich mein Bein schmerzt, kann ich darüber reden. Um zu beschreiben, wie sehr es schmerzt, verfüge ich über eine Menge Wörter. Wenn es nicht schmerzt, denke ich gar nicht daran. Wenn es mir gut geht, rede ich nicht davon. Mein Sprachschatz ist begrenzt. Zum Thema „Angst“ ist mein Sprachschatz viel umfangreicher als zum Thema „Freude“. Das sagt vielleicht etwas Gutes über die Freude. Vielleicht erleben wir die Freude öfter, als wir denken. Vielleicht ist unser Element die Lebensfreude. Vielleicht ist diese so normal, dass wir über sie gar nicht reden müssen.

Der Begriff, den ich jetzt hier beim Reden über die Freude verwenden möchte, ist der Begriff „Ekstase“. Ich habe ihn bei Jean Vanier gefunden. Jean Vanier (1928–2019) war ein Kanadier, der eine weltweite Kommunität für und mit Menschen mit geistiger Behinderung ins Leben gerufen hat. Er hat gesagt, nachdem er mit behinderten Menschen gearbeitet habe, sei er der Ansicht, dass sie vor allen anderen Menschen ein Recht zur Ekstase hätten. Er sagte mir, dass alle Menschen mit Behinderung eigentlich ein ekstatisches Leben führen sollten.

Ich fing an, darüber nachzudenken, und mir ging auf, dass das Wort „Ekstase“ buchstäblich bedeutet, „aus“ (*ek*) dem „Bestehenden“ (*stasis*) herauszustehen. Ein ekstatisches Leben ist da, wo wir uns aus einer starr fixierten Situation heraus auf einen neuen Ort hin bewegen. Wir begnügen uns dabei nicht mehr mit dem Alten. Die Freude ist diese fortwährende Bewegung aus den Stätten des Todes heraus, heraus aus den Orten, wo alles immer gleich bleibt und sich nichts bewegt.

Alles im Leben verändert sich. Wo wir Leben sehen, sehen wir Veränderung. Und sobald sich nichts mehr ändert, taucht der Tod auf. Wir werden starr, steif, tot. Es ist für uns ganz wichtig, zu begreifen, dass die Freude genau dieses Herausspringen in Richtung Leben und Fortbewegen von den Stätten ist, die immer die gleichen sind. Bei der Freude geht es immer um die Erfahrung eines neuen Lebens.

Die Freude hängt mit dem Neuwerden zusammen. Niemand sagt: „Ach, da kommt wieder diese alte Freude!“ Nein! Es gibt ein altes Traurigsein, aber keine alte Freude. Die Freude ist immer neu.

Wir sagen: „Toll! Das ist ja ganz aufregend!“ Das Neusein trifft einen immer als etwas Wunderschönes, nie zuvor Gesehenes, als etwas Lebendiges. Für ein Kleinkind ist jeder Tag etwas Neues. Es ist nie wieder das alte Kind. Es wächst immer weiter.

Freude ist Leben, denn Leben heißt, sich von den alten statischen Plätzen weg und zu neuen dynamischen Plätzen hin zu bewegen.

Die große Herausforderung ist die, sich die Freude zu eigen zu machen, die Jesus uns anbietet. Jesus ist der Gott der Lebenden. Jesus ist gekommen, das Leben zu bringen, und zwar das Leben in Fülle. Jesus ist gekommen, um die Ketten der Wunden und Bedürfnisse zu brechen und den Tod zu überwinden. Er ist gekommen, um uns Leben zu schenken, und Leben ist Freude. „Dies habe ich euch gesagt, damit meine Freude in euch ist und damit eure Freude vollkommen wird“ (Johannes 15,11). Jesus sagt: „Ich bin gekommen, den Tod zu überwinden und euch ein Leben zu schenken, das nie aufhört.“

Es fällt uns nicht leicht, auf diese Weise zu leben, weil etwas in uns voller Angst ist. Es gibt da ein sich Sperren gegen die Freude. Etwas in uns ist versucht, statt des Lebens den Tod zu wählen, den ganz fixierten Platz zu wählen, statt den Platz der Freude. Das gibt uns die Angst ein. Die Angst führt uns dazu, uns an den ganz festen Platz zu klammern. Die Angst fixiert uns auf das Gewöhnliche, das Normale; das, bei dem wir uns sicher fühlen.

Wenn wir Angst haben, kann es zwei Verhaltensweisen geben. Die eine ist, dass wir uns an die vertrauten Weisen klammern, wie wir alles tun. Die andere ist, dass wir in Panik geraten und überall herumrennen. Die erste lässt sich als Routineverhalten bezeichnen, die andere als wurzelloses Verhalten. Beides hat mit der Angst zu tun.

Routineverhalten

Denken wir darüber nach: Wenn wir Angst haben, halten wir uns an vertraute Muster und traditionelle Wege. Wir sagen: „Das ist die Art und Weise, auf die ich alles mache; komm mir nicht mit neuen Einfällen daher." „Es gibt nichts Neues unter der Sonne." „Lass einfach alles so, wie ich es gemacht habe." „Du weißt ja, ich habe einige Erfahrung, und deshalb mache ich das immer auf dieselbe Art."

Angst bewegt die Menschen dazu, sich an Sicherheiten zu klammern. Manche von uns ziehen es vor, lieber ganz sicher und ein bisschen elend zu sein, als unsicher und voller Energie. Manche von uns halten sich an ihre Beschwerden wie an eine Sicherheitsdecke. Fragt man uns: „Wie geht es dir?", so geben wir zur Antwort: „Gut, aber ein paar Beschwerden habe ich schon. Glaub ja nicht, dass es mir so gut geht!" Unsere Beschwerden bescheren uns eine merkwürdige Art von Befriedigung.

Wir reden negativ über andere Menschen oder auch negativ über uns selbst, oder über unsere Gesundheit oder was auch immer sonst. Wir fühlen uns sicher, weil wir irgendwo herumhängen können und etwas zum Reden haben. Wir können um einen Tisch sitzen und vor uns hin jammern und uns mit unserem Jammern ein bisschen sicher fühlen, mit unserem Tratschen, mit unserem netten kleinen Reden vom: „Mir geht's nicht besonders gut, warten wir halt ab. So ist es nun einmal. Versuchen wir's nochmal."

Wenn wir uns nicht bewegen wollen, empfinden wir eine Art Sicherheit. „Lasst uns einfach daran halten, wo wir sind. Besser wird es uns kaum gehen. Bleiben wir realistisch."

Wenn wir Angst haben, sind wir darauf aus, Sicherheit zu wahren. Wenn wir uns dessen bewusst werden, kommen uns Beispiele dafür, wie jemand auf Nummer sicher gegangen ist; nicht nur Beispiele einzelner Menschen, sondern auch Entscheidungen der gesamten Gesellschaft, sich abzusichern. Allmählich geht uns auf, dass die weltweite Sorge um Sicherheit mit der Angst verbunden ist.

Um sicher zu sein, bauen wir Bomben. Wir verteidigen uns gegen den Feind. Wir merken, dass Sicherheitsbedenken uns alle schon tot machen, ehe die Bomben explodiert sind. Sie lassen uns starr und steif werden.

Schon die Angst vor Krieg richtet eine Menge Zerstörung an – bei unseren Kindern, in unserem eigenen Kopf, in unseren eigenen Herzen. Sie jagt uns Angst davor ein. Sie macht uns Angst um unser Leben und lässt uns ständig auf unsere Sicherheit bedacht sein. Wir wenden ungeheuer viel Geld, Zeit, Talent und Energie dafür auf, uns auf einen Krieg vorzubereiten, der vielleicht nie eintritt. Dennoch kann das unser Denken und unsere Herzen zerstören und uns dazu verführen, uns an die Kräfte des Todes zu klammern. Das ist gefährlich.

Darin steckt keinerlei Freude.

Je mehr wir die Sicherheit zu unserer Hauptsorge machen, desto schwerer wird es für uns, frohe Menschen zu sein. Ein froher Mensch zu sein heißt, aus dieser Stätte der Absicherung auszubrechen und etwas Neues zu versuchen.

Es ist eine andauernde Disziplin, sich ständig von den Stätten der Angst fernzuhalten und Freude zu wahren. Wir stehen immer vor der Wahl zwischen Sicherheit und Freiheit, Freude und Leben.

Wurzelloses Verhalten

Es gibt eine weitere Reaktion auf die Angst, bei der es nicht um Sicherheit oder Routine geht. Sie ist genau das Gegenteil davon: Das ist die Wurzellosigkeit.

Die Angst lässt uns nicht nur auf die sicheren Plätze aus sein, sondern sie kann uns auch dazu verführen, ständig bloß herumzuplantschen. Das sind Menschen, die so panisch werden und sich derart davor scheuen, routinemäßige Dinge zu tun, dass sie überall herumlaufen. Sie verlieren ihre Wurzeln, sie lichten ihre Anker. Sie rennen nur noch blind herum und wissen nicht, was sie tun sollen. Das wirkt so, als sei ihre Angst derart groß geworden, dass sie nicht mehr vom einen Tag auf den anderen wissen, was sie als nächstes tun sollen.

Sie hängen sozusagen einfach bloß in der Welt herum. Sie tun hier ein bisschen etwas und da ein bisschen etwas und bewegen sich von der einen kleinen Erregung zur nächsten – Erregung durch Sex, Erregung durch Trinken, Erregung durch Drogen oder durch einen schnellen Deal hier oder einen schnellen Deal da, aber sie fühlen sich nirgendwo daheim. Sie haben ihre Wurzeln verloren. Sie wandern von hier nach da.

Das ist keine Freude. Das ist keine Freiheit.

Wenn wir keinen Anker haben, rennen wir ängstlich herum, tun nervös alles Mögliche, aber wir haben keinen heimatlichen Platz. Wenn wir kein Gefühl des Daheimseins haben, macht auch das Sich-Bewegen keinen Spaß mehr.

Jesus spricht viel davon. Er sagt: „Am Ende der Welt werden die Menschen alle kopflos herumlaufen. Es wird Ausschweifung und Trunkenheit geben. Aber lauft ihnen nicht nach. Verliert nicht eure Wurzeln." Und weiter sagt er: „Ihr aber betet unablässig und tretet erhobenen Hauptes vor den Menschensohn." Damit sagt Jesus: „Seid voller Vertrauen. Bleibt verwurzelt. Bleibt verbunden. Bleibt in der Liebe."

Die Angst treibt uns dazu an, alles, was wir tun, auf traditionelle, routinierte Weise zu tun. Oder sie kann auch so intensiv werden, dass sie uns wie mit dem Lasso einfängt und wild im Kreis herumrennen lässt. Beide Verhaltensweisen haben nichts mit der christlichen Freude zu tun, von der Jesus spricht.

Freude

Was ist Freude? Worin besteht die echte Ekstase?

Sehen wir für einen Augenblick auf Jesus. Ich weiß nicht, ob Jesus jemals einen Spaß gemacht hat. Aber ich kann es mir gut vorstellen. Ob er glücklich war? Da bin ich mir nicht so sicher. Aber er war voller Freude. Die Freude Jesu ist eine

Freude, die er seiner ständigen intimen Verbindung mit Gott verdankt. Seine Freude quillt aus dieser Gemeinschaft mit dem Vater, aus seinem innigen Gehören zum Vater. Jesus sagt: „Ihr könntet mich alle verlassen. Alle könnten mich vergessen. Aber der Vater wird mich nie verlassen. Der Vater ist treu. Der Vater ist bei mir."

Versuche genau zu hören, wovon Jesus spricht. Jesus spricht von einem tiefen Gefühl des Dazugehörens. Das ist ein tiefes Hinhören. *Gehorchen* bedeutet ganz Ohr sein. Das lateinische Wort *obaudire* bedeutet „sorgfältig zuhören". Jesus ist der Hinhörende, der Gehorsame. Er hört immer auf den Vater. Er ist immer mit der Quelle verbunden, von der er stammt. Er fühlt sich nie allein. Selbst wenn Menschen ihn verraten, selbst wenn Menschen ihn ans Kreuz nageln, ihm ins Gesicht spucken und ihn geißeln, verliert er nie die Verbindung mit Gott. Sogar wenn er sie nicht mehr spürt, verliert er sie nicht. Wenn er ausruft: „Gott, mein Gott, warum hast du mich verlassen?", spürt er Gottes Gegenwart nicht mehr, aber er weiß um sie. Er sagt: „Mein Vater lässt mich nie allein." Darin ist die Freude verankert. Sie ankert in dieser Verbindung.

Jesus ist fähig, auch noch die schwierigste Situation umzukehren, nicht nur physisch und emotional, sondern geistlich. Er kann neue Weisen des Liebens erschließen, weil er in Gott verwurzelt ist. Er durchbricht Routinen, wenn sie starr werden und nicht mehr Gott dienen. Er hat die Pharisäer kritisiert, die sich in Routinen festgefahren hatten.

Zudem warnt Jesus die Menschen davor, ein wurzelloses Leben zu führen. Er sagt: „Bleibt in mir, wie ich in euch bleibe. Ich liebe euch mit der gleichen Liebe, mit der der Vater mich liebt." Er spricht von der innerlichen Verbundenheit des Lebens. Diese Leben spendende Verbundenheit ermöglicht es Jesus, aus den Stätten des Todes heraus in Richtung Leben zu kommen. Die Erfahrung der Freude, die Jesus anbietet, ist etwas anderes als das Glücklichsein. Es geht dabei nicht um das Gefühl, „high" zu sein. Freude ist etwas anderes. Die Freude Jesu ist niemals ganz vom Traurigsein abgekoppelt.

Die Welt ist sehr eigenartig. Sie unterteilt unsere Erfahrung von Trauer und Freude in zwei separate Gefühlszustände: Traurigkeit und Glücklichsein. Sie sagt: „In der Welt gibt es so viel Trauriges, dass wir zum Überleben zwischendurch immer wieder Glücksmomente brauchen." Das ist wie die „happy hour" im Gastgewerbe. „Lasst uns ein bisschen Glück herstellen, damit wir unser Traurigsein vergessen." Die Welt sagt: „Das Leben ist grundsätzlich traurig, deprimierend und voller Sorgen, aber lasst uns kleine Glücksinseln einrichten." Damit hängen eine Menge kommerzieller Produkte zusammen. Da erschaffen Unternehmen kleine Spielzeuge, um einen damit kurz einmal glücklich zu machen. Aber Glücksmomente sind nicht das, was Jesus meint, wenn er von der Freude spricht.

Die Freude ist nicht eine Art Glücksmoment zwischen Wurzellosigkeit und Routine. Die Freude ist auch kein vorübergehender Urlaub von der Schwere des Lebens. Die Freude ist nicht etwas, das zur Flucht vor den Problemen der Welt verhilft. Die Freude, die Jesus bietet, ist nicht bloß etwas Emotionales, sondern sie ist geistlicher Art, ist die Gabe des Frohseins.

Frohsein ist eine Gabe, die selbst dann da ist, wenn wir Schmerzen haben oder in unserem Leben mit Schwierigkeiten zu tun haben. Die Freude, die Jesus anbietet, ist eine Freude, die auch in ganz, ganz schwierigen Situationen anhält. Ich bin schon Menschen begegnet, die, wenn ich ihr Leben objektiv betrachte, in mir den Gedanken wecken: „Mein Lieber, wie kannst du denn überhaupt mit dieser ganzen Trauer und Angst leben?“ Dennoch gibt es da all diese Freude, die nicht davon abhängt, wie die Dinge sich Tag um Tag abspielen. Es gibt da etwas Tieferes, eine tiefe Verbundenheit.

Wir sollten damit anfangen, zu empfinden, dass im geistlichen Leben die Freude Trauer und Glücklichsein umfasst, Schmerz und Wonne. Das ist tiefer, voller. Es ist mehr. Es ist etwas, das uns bleibt. Es ist etwas ganz Tiefes von Gott. Es ist etwas, das wir selbst dann erfahren können, wenn wir an schmerzliche Dinge in unserem Leben rühren. Was die Kirche uns vor allem anderen lehren möchte, ist die Wahrheit, dass die Freude Gottes immer bei uns sein kann – in Augenblicken des Krankseins, des Gesundseins, des Erfolgs, des Scheiterns, der Geburt, des Sterbens. Die Freude Gottes wird uns nie verlassen.

Einen Schimmer davon können wir erhaschen. Wenn wir zum Beispiel mit Menschen sprechen, die sich um Sterbende kümmern, können wir merken, dass diese Menschen recht frohe Menschen sein können. Menschen, die in Hospizen und in Pflegeheimen arbeiten, können tagtäglich mit dem Sterben konfrontiert werden, aber selbst während sie es immer mit solchen sogenannten „traurigen“ Situationen zu tun bekommen, sind sie oft frohe Menschen. Wir merken daran, dass die Freude, die sie in ihrem Herzen tragen, von anderer Natur ist, als einfach aus Erfolg oder Scheitern, Geburt oder Tod zu bestehen. Zuweilen sehen wir Menschen, die unter den Ärmsten der Armen arbeiten, und wenn sie dann für einige Zeit in die USA oder an einen anderen Ort, wo es viel Reichtum gibt, zurückkehren, können sie es dort kaum mehr erwarten, bis sie wieder zu ihren Leuten zurückkehren können. Warum ist das so? Sie lieben nicht die Armut und das Elend, sondern sie sind Menschen, die es gelernt haben, mit der Freude zu leben, die ihnen niemand nehmen kann, wenn sie mit den Armen leben. Tatsächlich bringt sie das Leiden in Berührung mit ihrer eigenen Freude, die tiefer ist als alles Materielle, das wir oft als Ersatz für echtes Glücklichsein aufbieten.

Wir müssen wahrhaben, dass sich im geistlichen Leben etwas ganz anderes abspielt als das, was die Welt uns beibringen möchte. Rings um uns herum gibt es Stimmen, die auf uns einreden, wir müssten in der Welt Erfolg haben. Aber Jesus sagt: „Du wirst die Freude finden, wenn du mit mir dorthin gehst, wo die Armen und die Gebrochenen sind. Glücklich sind die Armen, glücklich sind die Trauernden, glücklich sind die Verfolgten. Voller Freude sind die Armen, diejenigen, die Frieden stiften, und diejenigen, die verfolgt werden.“ Hier ist alles auf den Kopf gestellt, denn in den Augen Gottes findet sich die Freude direkt inmitten der Trauer versteckt.

Die Freude steckt direkt im Herzen des menschlichen Leidens. Wir dürfen es wagen, zu Jesus am Kreuz hinaufzublicken, seine Hinrichtung zu sehen und zu sagen: „Da im Kreuz ist meine Freude." Wir können deshalb vom Kreuz als Hoffnungszeichen sprechen, weil wir wissen: Je näher wir dem Kreuz kommen, desto näher kommen wir dem neuen Leben. Der Schmerz, den wir erfahren, ist wie ein Geburtsschmerz. Wir haben das Gefühl, als breche ein neues Leben auf. Die Todesangst, der Schmerz und das Leiden deines und meines Lebens erfahren wir als Weisen, etwas völlig Neuem zur Geburt zu verhelfen.

Genau dann, wenn wir immer voller und tiefer in die Wirklichkeit unseres schmerzvollen Daseins eintauchen, können wir an die Freude rühren, die in uns so aufhüpft, wie es das Kind im Schoß von Elisabeth tat. Das heißt nicht, dass Elisabeth nicht gelitten hätte, sondern dass sie sich dessen bewusst war, aus ihren Schmerzen heraus werde die Freude geboren. Das Geheimnis des Lebens ist, dass Jesus gekommen ist, um mit uns zu leiden, damit wir froh sein könnten. Er ist nicht dazu gekommen, dass wir nicht leiden sollten, sondern dass wir dieses ewige Leben verkosten könnten, diese andauernde Freude, die von Gott kommt und die bereits in dieser Welt ist, schon jetzt, schon genau hier.

Wenn wir uns unserer schmerzlichen Lage stellen können, entdecken wir, dass im Schmerz versteckt der Schatz liegt – eine Freude, die darauf wartet, in unserem Hier und Jetzt entdeckt zu werden.

Es ist sehr wichtig, dass wir damit in Berührung kommen. Darum geht es im geistlichen Leben, im Leben mit Gott. Das bedeutet, in Berührung mit der Liebe zu kommen, die in uns zur Freude wird. Sobald wir diese Stelle in uns kennenlernen, kommen wir mit dieser festen Unterströmung in Kontakt, die unterhalb all unserer Höhen und Tiefen fließt. Unterhalb all unserer Schwankungen gibt es diese tiefe, solide Strömung, die wir als Freude bezeichnen. Das ist die Liebe Gottes, die uns berührt und in Form bringt. Wir können darauf vertrauen, dass sie da ist. Niemand kann sie uns wegnehmen. Alle großen Heiligen sprechen von ihr. Alle Menschen, die gelitten haben, sprechen von ihr. Das ist der Ort, an dem wir daheim sind, der Ort Gottes. Der Ort, an dem du sicher bist. Der Ort, an dem die Welt keine Macht über dich hat. Jesus sagt: „Ihr gehört nicht der Welt, sondern ihr gehört Gott, gehört mir, dem Vater, dem Heiligen Geist. Ihr seid berufen, in der Welt zu leben, ohne von ihr zu sein."

Wie können wir frohe Menschen sein? Wie können wir in unser Leben Freude bringen?

Es gibt ein Wort, über das zu sprechen wichtig ist. Es lautet „feiern".

Feiern heißt vor allem, voller Freude zu leben. Zum Feiern sind wir berufen. Wir sind berufen, mittels Feiern die Freude zu praktizieren.

Wir sollten lernen, wie man richtig feiert. Wenn man das Leben feiert, ist das keine Party, sondern das anhaltende Bewusstsein, dass jeder Augenblick etwas Besonderes ist und hochgehoben und als Segen von oben angesehen werden will. Während der Zeit, in der ich bei Jean Vanier und den Menschen mit geistiger Behinderung lebte, sah ich, wie diese das die ganze Zeit lang taten. Die Kirche lädt uns zum Feiern ein. Weihnachten, Epiphanie, Fastenzeit, Ostern, Pfingsten – das sind lauter Feiertage, die wir das Jahr hindurch begehen. Wir feiern auch noch Geburtstage und Jahrestage, Erntedank und Gedenktage. Wir feiern immer wieder.

Aber das ist nur ein Teil unseres Feierns. Wir müssen weitergehen. Feiern heißt, den Augenblick zu erheben und zu sagen: „Das ist Gottes Augenblick." Feiern bedeutet, das Heute emporzuheben und zu sagen: „Das ist der Tag, den der Herr gemacht hat." Und das nicht nur zum Erntedank, sondern auch am Montagvormittag. Lasst uns froh und fröhlich sein. Lasst uns feiern! Wenn wir imstande sind, das Leben zu feiern – und das nicht nur zu speziellen Anlässen –, geht uns auf, dass wir viele Gründe dafür haben, froh zu sein. Uns geht auf, dass etwas geschieht, dass etwas vorkommt, und wir sollten uns darüber freuen.

Ich will hier von einer weiteren Begebenheit erzählen:

Wie bereits vorhin gesagt, lebte ich einige Zeit lang in Peru mit ganz armen Menschen zusammen. Sie hatten überhaupt nichts. Ich schlief auf einem Dach, weil es für mich in der Hütte keinen Platz gab. Sie richteten da oben einfach ein Bett her. In Peru regnet es nie. Es ist immer bewölkt, regnet aber nie. Nachdem ich mehrere Monate mit ihnen gelebt hatte, sagte ich zu ihnen: „Nächste Woche werde ich abreisen.“ Das rührte sie überhaupt nicht, denn ich war ja immer noch da und ging noch nicht weg. Sie nahmen das nicht ernst. Aber schließlich sagte ich am Samstagmorgen: „In einer Stunde gehe ich.“ Ich trug meinen Koffer in der Hand und sie sahen, dass ich jetzt tatsächlich gehen wollte.

Weil sie mich gern hatten und ich sie auch, gab Sophia, die Mutter, dem kleinen Johnny etwas Geld und er rannte zum ziemlich weit entfernten Laden. Es war Mittag und mein Bus sollte in dreißig Minuten abfahren. Ich begann nervös zu werden. Aber der kleine Johnny kam rechtzeitig zurück, mit einer großen Flasche Cola und zwei Plätzchen. Er sagte: „Jetzt machen wir eine Party.“ Er füllte das eine Familienglas und reichte es reihum, damit jeder daran nippen konnte. Sodann zerbrach er die Plätzchen in winzige Stücke und teilte sie mit allen. Pablito, der Dreizehnjährige, sagte: „Machen wir doch ein wenig Musik.“ Dazu hatte er einen alten, wackligen Kassettenrecorder – ich weiß nicht, woher der plötzlich kam –, und er warf ihn an. Dann forderte er uns auf: „Lasst uns tanzen!“ Es war zwölf Uhr mittags. Ich musste um 12 Uhr 15 los und wir hatten diese Party. Ein bisschen Coca-Cola, ein paar Plätzchen, ein bisschen Tanzen. Sie lachten und lachten und riefen „Goodbye!“. Dann griff einer nach meinem Koffer und alle begleiteten mich zum Bus. Dort gab es noch einen großen Abschied und mir ging auf, dass wir da gerade miteinander Eucharistie gefeiert hatten.

Über was für eine wunderbare Gabe verfügten doch diese Menschen, mich mit der Freude anzustecken. Ich war in Berührung mit ihrer Armut, ihren Sorgen, ihrer medizinischen Betreuung. Das war alles sehr real und sie bedurften vieler Hilfe, aber inmitten all dessen blieben sie fröhliche Menschen.

Feiern heißt nicht, nur die guten Augenblicke zu feiern. Die ekstatische Freude umfasst das gesamte Leben und schreckt nicht vor schmerzlichen Momenten, Abschieden und sogar dem Tod zurück. Den Tod feiern wir nicht, weil er wünschenswert wäre, sondern weil er keine endgültige Macht über uns hat. Es gibt keinen Tod, der nicht Frucht tragen könnte.

Wir können den Schmerz nicht deswegen feiern, weil der Schmerz gut wäre, sondern weil wir mit ihm beten und gemeinsam Brot brechen können. Schwierige Augenblicke lassen sich dabei erheben. Wir erheben sie mit Dankbarkeit.

Das Feiern ist in Wirklichkeit Ausdruck der Dankbarkeit. Der Tod hat nicht das letzte Wort. Sogar Todeskampf, Schmerz, Ringen, Krieg – das alles hat irgendwie nicht die endgültige Macht. Gott ist ein Gott der Lebenden.

„Ihr sollt das Leben haben und es in Fülle leben."

Für Menschen mit Behinderung kann das Leben schwer werden. Doch Jean Vanier und die Menschen mit Behinderung haben immer etwas zum Feiern. Ihre Wohnräume sind voller kleiner Kerzen, Dekorationen, Blumen und

Lieder. Es gibt keinen Tag, der nicht voller Dankbarkeit zum Geber alles Lebens emporgehoben wird.

Je mehr wir feiern, desto mehr merken wir, dass wir in Kommuniongemeinschaft sind. Feiern heißt Gemeinschaft stiften. Das ist das erste Anzeichen des unter uns ausgerufenen Reiches Gottes. Das Feiern ist der Weg, auf dem der Glaube an den Gott des Lebens lebendig zum Ausdruck kommt, ganz gleich, ob da gelacht wird oder Tränen fließen. Das Feiern offenbart den unterschwelligen Freudenstrom, der unterhalb all unserer Höhen und Tiefen durchfließt.

Jesus belohnt uns mit Freude. Nicht später, sondern jetzt. Nicht nur in den glücklichen Augenblicken, sondern auch in unserem Trauern. Die Freude steckt verborgen in unserem Leiden und tritt in unserem Gemeinschaftsleben zutage.

Es gibt einen weiteren Aspekt der Nachfolge Jesu, den gleich zu verstehen etwas schwierig sein mag. Jesus nachzufolgen heißt nicht, Jesus nachzufolgen, wie er vor zweitausend Jahren gelebt hat. Manche von uns sagen: „Ich wünschte, ich hätte damals leben können. Es ist so schade, dass das zweitausend Jahre zurückliegt und ich mir Jesus selbst vorstellen muss. Ich muss meine Fantasie einsetzen, um mir diesen Menschen vorzustellen, der vor so langer Zeit gelebt hat und dem ich nie begegnet bin. Ich will meine Erinnerung einsetzen, um diesem Mann zu folgen, diesem Jesus von Nazareth. Ich will versuchen, das zu tun, wozu er uns angewiesen hat, und es jetzt auf unsere heutige Zeit anwenden."

Aber Jesus nachzufolgen bedeutet viel mehr, als sich an die Erinnerung an jemanden zu halten. Es geht um viel mehr, als sich an jemanden zu halten, den wir uns vorstellen, von dem wir träumen oder den wir versuchen mit unserer Vorstellungskraft in Erinnerung zu rufen. Jesus nachzufolgen heißt, dem auferstandenen Herrn nachzufolgen. Jesus nachzufolgen heißt, dem Herrn nachzufolgen, der der Herr der Geschichte ist, der Herr, der hier und jetzt bei uns ist, in diesem Augenblick. Das ist kein sentimentales sich Erinnern. Nein, es ist ein Geführtwerden von dem, der hier und jetzt bei uns ist. Es ist ein Geführtwerden von dem, der wirklich unter uns gegenwärtig ist als der Herr, der von den Toten auferstanden ist und zu dem Herrn wurde; der alle Menschen aller Zeiten umfasst und deshalb der Herr des Jetzt, des Gegenwärtigen, des Hier ist.

Es ist sehr wichtig, diese Unterscheidung zu verstehen.

In meinem Haus habe ich eine Ikone, die ich in Jerusalem gefunden habe. Es ist eine Ikone des auferstandenen Herrn. Das ist nicht einfach Jesus von Nazareth. Es ist der auferstandene Herr, der Herr, der Fleisch geworden ist. Der Herr, der in Nazareth, in Bethlehem und in Jerusalem unter uns gewohnt hat, aber auferweckt wurde und einen Namen erhalten hat, der alle anderen Namen übertrifft, sodass in diesem Namen jedes Knie sich beuge und man ihn als Herrn lobpreise.

Diese Ikone wurde zum Mittelpunkt meiner kleinen Hauskapelle. Ich möchte, dass man wahrnimmt, dass der Eine, dem zu folgen du und ich berufen sind, der Herr der Geschichte ist, der auferstandene Herr, der das Tor zum Himmel ist, das Tor zum ewigen Leben; der der Weg, die Wahrheit und das Leben ist, der einzige Sohn Gottes, voller Majestät und Herrlichkeit, der Geber des Lebens im Überfluss, der unser Herr ist und uns immer tiefer ins Geheimnis von Gottes Leben einführt. Er ist kein netter Freund, mit dem man ein bisschen plaudern kann. Er ist der Herr, der dich zur Gemeinschaft mit Gott beruft.

Sieht man auf die Augen dieser Ikone, so wirken sie recht streng. Aber jenseits dieser Augen liegt die Ewigkeit von Gottes Liebe. Das ist kein Jesus, mit dem man herumspazieren und ihn dorthin mitnehmen kann, wohin man geht, sondern das ist jemand, der einen ins ewige Leben führt. Indem man zum Herrn der Geschichte betet und dem Herrn der Geschichte nachfolgt, wird man ins Geheimnis dieser ewigen Liebe Gottes hineingezogen. Wenn man vor dieser Ikone, diesem Bild betet, kommt einem, dass dieser Christus deshalb so ernst blickt, weil er der Richter ist, aber auch so gütig, weil er der mit uns leidende Herr ist. Er ist der Herr, der voller Liebe ist und uns zu dieser Liebe beruft. Er ist der Herr der Wahrheit und der Schönheit. Man wird entdecken, dass Jesus nachzufolgen bedeutet, dem Herrn nachzufolgen, der einen Tag für Tag zu einer immer tieferen und noch tieferen Gemeinschaft mit Gott beruft.

Jesus nachzufolgen bedeutet, mehr und mehr in das innerste Geheimnis Gottes einzutreten. Gott ist Fleisch geworden, damit wir uns von ihm, mit ihm und in ihm in die Herrlichkeit Gottes des Vaters in der Gemeinschaft des Heiligen Geistes führen lassen können. Die Ikone des auferstandenen Herrn erinnert uns an die großartige Berufung, die wir alle haben: die Berufung, diesem großen Geheimnis immer näher zu kommen.

Herr Jesus,

inmitten geschäftiger Arbeit und vieler Sorgen
möchte ich meine Augen auf dich richten.
Du bist der Herr, der Herr, der mich in dein Reich ruft,
der Herr, der mich ruft, Ruhe in dir zu finden,
der Herr, der mich zur Bekehrung aufruft,
zu neuem Leben und neuer Hoffnung.
Ich danke dir, o Herr, dass du mich hierher berufst.
Hilf mir, so neu zu werden, dass durch mich
viele geheilt werden und neues Leben finden können.

Amen.

KAPITEL SECHS

DIE VERHEISSUNG

„Ich werde allezeit bei euch sein"

Jesus sagte zu seinen Jüngern: „Ich sage euch die Wahrheit: Es ist gut für euch, dass ich fortgehe. Denn wenn ich nicht fortgehe, wird der Beistand nicht zu euch kommen; gehe ich aber, so werde ich ihn zu euch senden. Ich werde den Vater bitten und er wird euch den Geist geben, damit er immer bei euch sei, der Geist der Wahrheit, den die Welt nicht empfangen kann, weil sie ihn weder sieht noch kennt. Aber ihr kennt ihn, weil er bei euch ist. Er ist in euch."

Johannes 16,7–15

Er sagte zu ihnen: „Mir ist alle Macht gegeben im Himmel und auf der Erde. Darum geht zu allen Völkern und macht alle Menschen zu meinen Jüngern. Tauft sie auf den Namen des Vaters und des Sohnes und des Heiligen Geistes, und lehrt sie alles zu befolgen, was ich euch geboten habe. Seid gewiss: Ich bin bei euch alle Tage bis zum Ende der Welt."

Matthäus 28,18–20

Das erste Mal offenbarte Gott seinen Namen, als er aus dem brennenden Dornbusch zu Mose sprach. Da sagte Gott: „Mein Name ist ICH BIN der Gott deines Vaters, der Gott Abrahams, der Gott Isaaks und der Gott Jakobs" (Exodus 3,6). Das heißt: Wenn Gott sich seinem Volk offenbart, offenbart er sich als der Gott seines Volkes. Denn das „ICH BIN" bedeutet buchstäblich: „Ich bin der, der mit dir ist." Es bedeutet: „ICH BIN der treue Gott; der Gott, der mit dir geht", „Ich bin der Gott, der kommt, um bei dir zu sein und zu bleiben. ICH BIN. ICH BIN der dir Treue."

Die Wörter „ICH BIN" bedeuten: „Ich bin der bei dir Bleibende, der dich nicht allein lassen wird; derjenige, der mit dir durch die Wüste wandern und dir helfen wird, ein neues Leben zu finden." Gott spricht: „ICH BIN dein Gefährte, dein Reisebegleiter; der Gott, der dich so sehr liebt, dass er allezeit bei dir bleibt. Ich werde dir in der Nacht eine Fackel sein, damit du deinen Weg finden kannst. Ich werde dir am Tag eine Wolke sein, sodass du ins verheißene Land reisen kannst. Ich bin dein Gott, der dich nie alleine lässt; der bei dir sein wird, damit du deinen Weg findest."

Einer der schönsten Aspekte des christlichen Glaubens ist der, dass Jesus uns – wenn er erscheint – als der Immanuel erscheint, als der Gott-mit-uns. Angesichts von Jesus geht uns auf, wie ernst es Gott mit seinem Versprechen ist, bei uns zu sein und bei uns zu bleiben. In Jesus wird die Treue Gottes sogar noch deutlicher sichtbar, weil Gott in Jesus Fleisch geworden ist und unter uns gewohnt hat. Er hat sein Zelt bei uns aufgeschlagen. Er wollte keinerlei Abstand von uns halten. Er wollte einer von uns sein.

Gott-mit-uns. Immanuel.

So offenbart also Jesus Gott als Gott, der immer näher bei seinem Volk sein will, als es sich sein Volk überhaupt vorstellen könnte. Die großartige Frohbotschaft des Evangeliums ist ja gerade, dass Gott bei uns sein möchte, um unser Ringen mit uns zu teilen, unsere Wege mit uns zu gehen, unsere Schmerzen mit uns zu leiden und unseren Tod mit uns zu sterben, sodass wir sagen können: „Es gibt nichts Menschliches, das Gott nicht mit uns teilen würde." Das ist die großartige frohe Botschaft: Gott ist in jedem Aspekt unseres Lebens mit uns.

Es gibt ein noch größeres Geheimnis, dass wir selten voll erfassen oder an das wir nicht einmal denken: Jesus ist nicht das letzte Wort. Es gibt noch mehr. Es gibt eine sogar noch großartigere Art und Weise, mit uns zu sein. Jesus sagt zu uns: „Es ist gut für euch, dass ich fortgehe. Denn wenn ich nicht fortgehe, wird der Beistand nicht zu euch kommen; gehe ich aber, so werde ich ihn zu euch senden" (Johannes 16,17). Hier offenbart uns Jesus, dass Gott auf eine Weise mit uns sein will, die derart intim und persönlich ist, dass wir sagen können, Gott wohne in uns, dass Gott zutiefst in uns sei. Gott-mit-uns ist der Gott, der mit uns im Alten Testament ist und derjenige, der mit uns leidet. Und Gott ist auch ein Gott-in-unserem-Atem. Wir atmen den Geist Gottes.

Welche noch intimere Nähe könnten wir uns vorstellen als den Atem? Er ist so intim, so tief, dass wir gar nicht über ihn nachdenken. Man sagt nicht: „Heute atme ich gut.“ Das sagt man nie, weil das so intim ist und weil das der eigene Atem ist. Das ist genau diese unglaubliche Nähe, die Gott sich erwählte, damit Gott unser Atem werde.

„Geist“, *spiritus, pneuma* bedeutet „Atem“.

Jesus sagt: „Es ist gut für euch, dass ich fortgehe, denn dann kann ich euch mein Leben einhauchen.“ Da beginnen wir allmählich zu erkennen, was es bedeutet, wenn Jesus zum Schluss sagt: „Ich werde bei euch bleiben bis zum Ende der Zeit.“ Damit meint er: „Ich werde so innig eins mit euch sein, dass ihr und ich eins sind. Ihr könnt meinen Atem atmen und sagen: ‚Jetzt lebe nicht mehr ich, sondern in mir lebt Christus.‘“

Sie und ich sind dazu berufen, dass jede und jeder ein Christus wird, eine lebendige Manifestation Gottes in dieser Welt. Gott wohnt in uns auf eine derart intime Weise, dass wir tatsächlich in dieser Welt Manifestationen von Gottes Herrlichkeit werden. Das ist das große Geheimnis. Das ist die große Verheißung. Das ist das Versprechen des Heiligen Geistes.

Welche Antwort geben wir auf dieses Versprechen?

Wenn Jesus sagt: „Ich werde immer bei euch sein“, müssen wir darüber nachdenken, was mit diesem Bei-uns-Sein eigentlich gemeint ist und wie es sich auf uns auswirkt. Darüber möchte ich drei Dinge sagen. Erstens möchte ich von der Gegenwart Gottes in seiner Abwesenheit sprechen.

Zweitens möchte ich von der Gegenwart Gottes sprechen, die in uns den Wunsch nach Zukunft weckt und uns vorwärts bewegt. Und schließlich möchte ich etwas über ein Gegenwärtigsein sagen, das wir ganz konkret in unserem Alltagsleben praktizieren können.

Gegenwart in Form von Abwesenheit

Zuweilen kann uns ein Mensch nicht nur mit seiner Gegenwart ganz nahe sein, sondern auch in seiner Abwesenheit. Wir können jemandem nicht nur dank seiner Gegenwart, sondern auch in seiner Abwesenheit ganz nahekommen, also nicht nur, wenn er herkommt, sondern auch, wenn er weggeht. Wir können einander mittels ständigen Verlassens und Wiederkommens ganz nahekommen.

Ich möchte, dass Sie das einen Augenblick lang empfinden, denn das ist die Art und Weise, auf die wir an das Geheimnis des geistlichen Lebens rühren.

Dazu möchte ich hier einige Beispiele bringen.

Wenn Sie von Ihrem Vater oder Ihrer Mutter fortgehen, geschieht es erst dann, wenn Sie Ihr Heim und Ihre Familie verlassen haben, dass Sie Ihre Eltern mit neuen Augen sehen und die Erfahrung machen können, ihnen ganz nahe zu sein.

Das habe ich in meinem eigenen Leben erfahren. Ich bin in den Niederlanden aufgewachsen, und als ich in die USA zog, musste ich meine Eltern verlassen. Aber diese Trennung brachte mich auf neue Weise mit ihnen in Verbindung. Wir empfanden eine neue Art von Intimität und

Kommunikation. Es war, als hätte ich zu der Zeit, als ich bei ihnen war, gar nicht den rechten Blick für sie gehabt und ich hätte erst etlichen Abstand von ihnen gebraucht, um deutlich empfinden zu können, wie sehr sie mich liebten. Erst indem ich von ihnen weg war, war ich imstande, ihre Liebe klar und tief zu erkennen.

Als ich bei ihnen daheim in der Küche oder im Wohnzimmer gewesen war, war mir alles so gewohnt erschienen. Aber nachdem ich einen Schritt fort von ihnen getan hatte, begann ich etwas zu sehen und zu empfinden, das ich vor meinem Weggehen nicht gesehen oder empfunden hatte. Meine Beziehung zu ihnen vertiefte sich durch diese Abwesenheit.

Wir können jemanden besuchen und vielleicht ein ganz normales Gespräch mit ihm führen, aber das Interessante daran ist, dass die Erinnerung an diesen Besuch mindestens genauso stark ist wie der Besuch selbst. Ist der betreffende Mensch krank, so könnte er sagen: „Ich war krank und er ist gekommen und hat mich besucht." In der Abwesenheit des Menschen, der uns zuvor besucht hat, kann uns eine Dankbarkeit und eine Liebe kommen, wie wir sie während seiner Anwesenheit gar nicht so stark empfunden hatten. Das ist der Grund dafür, dass es so wichtig ist, einander zu besuchen – nicht so sehr deshalb, weil bei diesem Besuch so viel passieren würde, sondern weil das Weggehen womöglich genauso wichtig sein könnte wie das Beieinandersein. Wenn wir einen kranken Freund besuchen, können wir sagen: „Ich kann nur zwei Stunden lang bei dir bleiben. Ich muss gleich wieder vieles andere tun. Aber es ist gut für dich, dass ich wieder gehe, denn wenn ich gehe, kommt dir vielleicht der Gedanke, dass dir dieser Besuch recht gutgetan hat. Ich könnte dir etwas von meinem Geist dagelassen haben, sodass du weißt, dass ich zwar von dir fortgehe, dir aber auch etwas Neues schicke." Viele von uns haben diese Erfahrung schon gemacht. Wenn jemand von uns weggeht, merken wir, wie sehr er uns mag. Das können wir vielleicht in seiner Gegenwart gar nicht so richtig zum Ausdruck bringen, aber wir können es erfahren, es in seiner Abwesenheit empfinden.

Oder nehmen wir ein anderes Beispiel: das Briefschreiben.

Haben Sie nicht auch schon die Erfahrung gemacht, dass man jemandem schriftlich vieles sagen kann, was man ihm von Angesicht zu Angesicht nicht so leicht sagen könnte? In der Abwesenheit des betreffenden Menschen können wir besser über ihn nachdenken, und dann können wir uns hinsetzen und ihm schreiben: „Ich mag dich sehr. Du bedeutest mir viel. Mir liegt sehr viel an dir." In Gegenwart dieses Menschen wären wir nicht fähig, ihm das zu sagen, weil das etwas peinlich, etwas schwierig, ein bisschen zu direkt wirkt. Aber aus einem gewissen Abstand heraus können wir ihm schreiben: „Ich denke an dich. Ich bin so froh, dass ich dich kenne. Du sollst wissen, dass mir sehr an dir liegt." Wenn wir etwas Derartiges schreiben, merken wir, dass sich in uns eine Intimität regt. Der derzeit von uns abwesende Mensch rührt unser Herz tiefer und wir empfinden uns in innerlicher Kommunikation mit diesem Menschen, so als lebe in uns dessen Geist. Da kommt es dann zu einer neuen Art von Intimität, die nur in Abwesenheit, auf Distanz, möglich ist. Sie weckt den Wunsch, diesen Menschen wiederzusehen. Wäre dieser Mensch nicht abwesend, so wäre dieser Wunsch womöglich auch gar nicht so stark.

Das tiefgreifendste Beispiel für das Gegenwärtigsein im Abwesendsein ist unser Tod und der Tod der Menschen, die wir lieben. Ich glaube, wir können an Liebe zu den Menschen zunehmen, die uns durch ihren Tod verlassen haben. Im Leben kennen wir einander nur stückweise, aber als gläubige Menschen lernen wir durch den Tod einander auf neue Weise kennen.

Irgendwie müssen wir es fertigbringen, zu sagen: „Bruder, Schwester, es ist gut für dich, dass ich gehe, dass ich sterbe, denn wenn ich tot bin, wirst du mich auf neue Weise entdecken. Wenn ich tot bin, werde ich dir auf neue Weise nahe sein." Ich bin mir sicher, dass viele von Ihnen schon Eltern, Kinder oder Freunde verloren haben. Manche von Ihnen werden bestätigen können, dass sie eine neue Art von innerer Nähe zu ihren Verstorbenen gefunden haben. Dank ihrer Erinnerung an sie werden sie Ihnen wirklich und aktiv gegenwärtig.

Vielleicht geht uns dann auf, dass all die Menschen, die im Lauf unseres Lebens schon gestorben sind, einen Platz in unserem Herzen gefunden haben und uns weiterhin nähren. Sie begleiten uns weiterhin auf unserem Weg und sie vertiefen unser Leben. Das ist ein großes Geheimnis. Es ist ein Geheimnis, das Jesus uns auf die vollkommenste Weise offenbart: „Es ist gut für euch, dass ich fortgehe.

Denn wenn ich nicht fortgehe, wird der Beistand nicht zu euch kommen; gehe ich aber, so werde ich ihn zu euch senden … Wenn aber jener kommt, der Geist der Wahrheit, dann wird er euch in die ganze Wahrheit führen" (Johannes 16,7.13).

Mit dem Wort „Wahrheit" ist hier keine Doktrin und kein Dogma gemeint, sondern eine Beziehung totaler „Vermählung" (im Englischen *betrothal*, worin der Begriff *truth* = Wahrheit steckt). „Ich schenke euch Intimität. Mein Geist wird euch in die volle Vermählung mit Gott führen, und das wird nur dann möglich sein, wenn ich gehe." Der Tod Jesu ist ein Tod zu unserem Wohl, damit der Geist Jesu uns in dieses innigste Einswerden mit Gott führen kann.

Das Fortgehen Jesu war gut. Zu seinen Lebzeiten konnten die Menschen ihn nicht verstehen. Sogar seine Jünger verstanden ihn nicht. Sie begriffen nicht, wovon er sprach. Ganz gegen Ende, beim Sterben Jesu, liefen sie davon. Auf dem Berg der Himmelfahrt hatten sie immer noch ihre Zweifel gehabt. Sie hatten gesagt: „Wolltest du nicht Israel wieder in seiner Macht herstellen?" „Wolltest du nicht die Römer aus dem Land jagen?" „Wolltest du nicht die politische Lage hier wieder festigen?" Sie hatten nichts verstanden.

Sie verstanden auch nichts, als Jesus sagte: „Das ist mein Leib. Das ist mein Blut." Sie verstanden nichts, als er sagte: „Ich bin das Leben. Ich bin die Auferstehung. Ich bin die Tür. Ich bin die Wahrheit." Sie hatten leise Ahnungen, aber sie setzten diese bloß in ihren eigenen beschränkten Vorstellungen um.

Aber Jesus sagte weiterhin: „Ich kündige euch das jetzt an, damit ihr es später verstehen könnt. Ich sage euch all das jetzt, damit ihr, wenn ich fortgegangen sein werde, begreift, wovon ich gesprochen habe. Das werdet ihr einsehen, weil ich euch meinen Geist senden werde, und dieser Geist wird euch alles offenbaren, was ich euch gelehrt habe. Alles, was ich vom Vater gelernt habe, wird euch der Geist lehren."

Für uns ist es ganz wichtig, einzusehen, dass Jesus fortgehen musste, um zu begreifen, wer Jesus in Wirklichkeit war. Die Jünger waren verwirrt. Aber Jesus sagte: „Zieht nicht los. Fangt nichts an. Wartet einfach ab, bis der Geist kommt."

Als der Geist dann tatsächlich kam, wurde alles anders, weil sie sahen und verstanden. Ihnen ging auf, dass sie Anteil an etwas ganz Besonderem gehabt hatten. Plötzlich konnten sie anfangen, ein innerliches Leben zu führen, ein Leben in Christus. Sie mochten zwar *mit* Christus unterwegs gewesen sein, aber bevor nicht der Geist kam, hatten sie noch nicht *in* Christus unterwegs sein können. Bevor nicht Christus gestorben war, hatten sie noch nicht sagen können: „Nicht ich lebe, sondern Christus lebt in mir." Das hatten sie nicht sagen können.

Sie konnten das erst sagen, als der Geist, der Atem Christi über sie und in sie gekommen war. Da konnten sie dann sagen: „Ich bin der lebendige Christus." „Nicht ich lebe, sondern Christus lebt in mir." Sie wurden andere Christusse, wurden lebendige Gegenwarten Gottes.

Sobald sie entdeckt hatten, dass sie das Leben Christi in sich hatten, brachen alle Grenzen weg und sie gingen in die ganze Welt hinaus. Das große Geheimnis des Heiligen Geistes ist, dass Christus durch alle Zeitalter hindurch der Christus-mit-uns ist. Christus ist der auf innigste Weise Christus-in-uns. Wir können sagen, dass es der Gott-mit-uns, aber auch der Christus-mit-uns ist, der uns in die ganze Welt und in alle Länder, Nationen und Völker hinausschickt.

Wir müssen uns nicht auf das eine oder andere Land beschränken, denn in Christus-im-Geist sind alle Orte die unsrigen. Wir können die ganze Welt bereisen, weil wir schon daheim sind. Wir sind schon in Gott. Wir haben bereits Gemeinschaft gefunden und müssen das nicht auf eine einzige Familie, ein einziges Land oder einen einzigen Umstand beschränken.

Ich hoffe, das ergibt allmählich Sinn für Sie. Es ist schwer, das zu formulieren, denn es ist ein großes Geheimnis. Wir können ein geistliches Leben führen; ein Leben, worin der Geist Christi in uns wohnt. Wir können ein Leben führen, worin der Heilige Geist uns von allen Beschränkungen freisetzt. Der Geist setzt uns frei, dass wir dort, wohin immer wir gesandt werden, daheim sind.

Und das geschieht in Abwesenheit, in der Abwesenheit Jesu, der sagt: „Ich sende euch, bis ich wiederkomme."

Gegenwart, die die Zukunft offenbart

„Der Geist wird euch alles sagen, was kommen wird."

Für uns ist die Zukunft oft eine Quelle der Angst und Furcht. Wir haben alle Arten von Fragen: Was ist, wenn meine Kinder krank werden, ich meinen Job verliere, meine Frau oder mein Mann mich verlässt oder ein Krieg ausbricht? Unsere Ängste ziehen uns von der Gegenwart weg und löschen den Heiligen Geist in uns aus.

Wenn wir glauben, dass Gott durch den Heiligen Geist immer bei uns ist, können wir die Zukunft aus der Gegenwart hervorkommen sehen. Wenn wir wirklich glauben, dass Gott mit uns ist und dass wir schon jetzt seinen Geist atmen, brauchen wir uns um die Zukunft keine Sorgen zu machen. Wir müssen uns nicht darum sorgen, was als Nächstes passieren wird. Wir können anfangen, darauf zu vertrauen, dass dann, wenn wir in Fülle das Leben im Heiligen Geist führen, sich im Lauf unseres Lebens die Zukunft aus der Gegenwart ergeben wird.

Eine der größten Versuchungen unseres Lebens ist die, unseren Blick immer auf das Voraus in unserem Leben zu richten und nicht zu glauben, dass in Wirklichkeit hier und jetzt etwas geschieht. Die Welt, in der wir leben, macht uns glauben, das Eigentliche komme erst nächste Woche, nächsten Monat oder nächstes Jahr. Als Christen sind wir zu glauben aufgefordert, dass das, was geschieht, immer im Hier und Jetzt geschieht. In diesem Augenblick. Jetzt. Wenn wir das Jetzt, die Gegenwart in Fülle leben, wird die Zukunft zunehmen. Sie wird sich uns offenbaren, weil wir bereits den Geist empfangen haben. Wir haben bereits den Anfang des ewigen Lebens empfangen. Wir sind schon im Haus Gottes. Wir atmen schon Gottes Atem. Verweilen wir hier und horchen wir aufmerksam hin.

Es gibt im Evangelium dieses wunderbare Wort „Geduld". Geduld zu haben bedeutet im Evangelium, ganz und gar dort zu sein, wo man ist, den Augenblick in seiner Fülle zu leben und zu vertrauen, dass alles, was man braucht, da ist, wo man ist. Ein ungeduldiger Mensch sagt immer: „Das hier ist kein guter Platz. Ich möchte anderswo sein." „Dieser Augenblick bringt mir überhaupt nichts. Ich möchte da und da sein." „Morgen, nächstes Jahr, später, wenn ich älter bin, wenn ich Karriere mache, wenn ich reich werde", oder was auch immer.

Wir blicken immer voraus. Wir besuchen die High School, um ins College zu kommen. Wir sind im College und sehen uns nach einem kleinen Job um. Wir üben unseren kleinen Job aus, um einen großen Job zu bekommen. Wir üben unseren großen Job aus, um in den Ruhestand zu kommen. Wir sind im Ruhestand, um … Aber das Eigentliche sehen wir immer weiter vor uns. Viele von uns leben weit im Voraus und können deshalb nicht die Wahrheit schmecken, dass der Geist Gottes jetzt, hier, in diesem Augenblick bei uns ist.

Jesus sagt: „Habt Geduld." Geduldig sein heißt, ganz im Augenblick bleiben und voll und ganz schmecken, wo man ist, sodass die Samenkörner, die man im Augenblick ausstreut, austreiben und wachsen und einen in die Zukunft führen können. Die Zukunft steckt in der Gegenwart, verborgen als Saat im fruchtbaren Grund. Indem wir den Grund, auf dem wir stehen, nähren und pflegen, können wir an das Verheißene rühren.

Seien wir nicht ungeduldig. Gehen wir nicht zurück und ziehen wir nicht die Saat aus dem Boden, um zu sehen, ob sie wächst. Wenn wir das tun, wächst sie nicht. Vertraue darauf, dass dir ein Versprechen gemacht worden ist und dass es in dem Boden steckt, auf dem du stehst. Es wird zu einem starken Baum heranwachsen, aber du musst ihm Zeit lassen. Es wird dir die Zukunft eröffnen und genau da heranwachsen, wo du bist. Vertraue darauf, dass der Heilige Geist dies tut.

Die gute Nachricht ist, dass unser gegenwärtiger Augenblick nicht leer, sondern voll ist. Gott ist in der Fülle der Zeit zu uns gekommen. Unsere Zeit wurde dadurch zur vollen Zeit, dass uns der Geist gesandt worden ist, weil der Herr mit uns ist, und dass dies alles ist, was wir uns jemals gewünscht haben – mit dem Herrn zu leben, mit Gott zu leben. Wenn das unsere tiefste Sehnsucht ist, warum genügt es uns dann nicht, dass Gott uns seinen Geist und seinen Atem schickt? Ich frage dich jetzt: Kannst du in dem Augenblick, in dem du atmest, voll gegenwärtig sein?

Wir müssen lernen, voll in der Gegenwart zu leben, weil Gott immer der Gott des Jetzt, des Hier ist. Der Tag, in dem wir leben, ist der Tag Gottes. Wenn irgendetwas geschieht, das geistlich wertvoll ist, geschieht es hier und jetzt, in diesem Augenblick. Während du hier sitzt. Während du betest. Es ist immer da. Die große Kunst des geistlichen Lebens besteht darin, genau dort, wo du bist, auf das Atmen des Geistes zu achten und darauf zu vertrauen, dass dies ein Atmen neuen Lebens ist. Du musst nicht anderswo sein. Du kannst voll im Augenblick gegenwärtig sein und darauf vertrauen, dass sogar inmitten deines Schmerzes, inmitten deines Ringens etwas von Gott in dir am Wirken ist und sich dir offenbaren möchte.

Sei hier.

Sei still.

Horche.

Die Einübung in das Gegenwärtigsein

Wie üben wir uns darin ein, in Gottes Gegenwart zu sein? Mittels des Gebets und des Dienens.

Gebet

Wenn man betet, tritt man hier und jetzt in Gottes Gegenwart ein. Das Gebet ist die Art und Weise, wie wir für den Augenblick gegenwärtig werden und auf Gott hören, der bei uns ist. Gott ist immer da, wo wir sind. Gott ist bis ans Ende der Zeit bei uns. Wir müssen hier sein. Wir müssen horchen. Wir müssen achtsam sein. Das Gebet ist die Disziplin der Achtsamkeit, des Gegenwärtigseins im Hier.

Ich möchte dich wirklich bitten, dein Gebet als Praxis des Gegenwärtigseins für Gott zu praktizieren. Du brauchst dir dabei nicht tiefgründige Gedanken zu machen. Du brauchst dir auch nicht Sorgen darüber zu machen, was du denken sollst. Du kannst einfach so da sein, wie du bist, und sagen: „Ich liebe dich. Ich liebe dich. Ich weiß, dass du mich liebst, und ich liebe dich. Ich habe nichts Großartiges zu sagen.

Ich muss keine tiefgründigen Worte aussprechen, sondern ich bin einfach hier, möchte mit dir und bei dir sein." So einfach ist das. Es ist wirklich ganz einfach. Beten ist nicht kompliziert, nicht schwierig. Wenn andere dich fragen, wie du betest, sage ihnen einfach: „Sitz hin und sprich: ‚Herr, da bin ich!'"

Zerstreutwerden heißt, dass man in die Vergangenheit oder in die Zukunft gezerrt wird. Das nennt man Zerstreuung. Dabei fangen wir an, über das nachzudenken, was gestern war oder was morgen geschieht. Zerstreutsein bedeutet, dass wir nicht voll und ganz hier sind. Wir sind auch jetzt noch nicht voll und ganz hier. Das macht nichts aus. Ich kann über mich selbst lächeln und mir sagen: „Ich bin zerstreut. Ich bin nicht voll und ganz hier. Ich bin nicht ganz voller Vertrauen. Ich schweife immer noch überall herum. Ich möchte beten, aber mir kommt immer noch diese Frau in den Sinn, die mich gestern angesprochen hat und angesichts derer ich den Wunsch gehabt hätte, mit ihr ein bisschen zu plaudern", oder: „Morgen muss ich arbeiten gehen und mein Sohn muss ins Krankenhaus und ich muss mit dem und dem wegen einer Beförderung sprechen." Es ist ganz sicher so: So sind wir. Wir sind nie ganz da. Wenn wir total da wären, wären wir im Himmel, und deshalb sind wir nie ganz hier. Wir sind ein bisschen in der Vergangenheit, ein bisschen in der Zukunft und in Wirklichkeit tatsächlich ein bisschen überall.

Aber selbst dann ist es ganz wichtig, zu sagen: „Ich möchte mehr hier sein, denn ich weiß, Gott, dass du hier bist. Ich weiß, dass du mich liebst. Ich weiß, dass alles, was ich brauche, hier ist, und deswegen will ich mich hier für einen Augenblick hinsetzen und dir dafür danken, dass du ein treuer Gott bist. Ich danke dir für deinen Namen ICH BIN. Ich danke dir auch für deinen Sohn Jesus, der gekommen ist, um bei uns zu sein. Ich danke dir für den Heiligen Geist, der so tief innerlich in mir wohnt, dass ich ihn gar nicht die ganze Zeit spüre oder das erfahre; aber ich weiß es. Ich weiß das genauso, wie ich weiß, dass ich atme, ohne die ganze Zeit meinen Atem zu spüren, und so weiß ich auch, dass du, Gott, bei mir bist, selbst wenn ich das nicht immer spüre.

Das Gebet ist dieses einfache Gegenwärtigsein, das wir praktizieren sollten. Ich verspreche dir, wenn du das Gebet praktizierst, wirst du voll und ganz belohnt werden. Gott lässt nicht lange auf sich warten, um dir zu sagen, wie nahe er dir ist. Da könnten eine Menge Sorgen, die du dir über die Vergangenheit oder Zukunft machst, weniger schmerzlich oder weniger vorherrschend oder weniger dich in Beschlag nehmend sein. Irgendwelche Sorgen werden dir immer kommen – du wirst immer wieder einmal zerstreut und besorgt sein –, aber du kannst in dir einen Platz haben, der ziemlich frei von ihnen ist. Du hast deine Befürchtungen und deine Ängste, und sie umgeben dich, aber im Zentrum all dieser Stürme gibt es diesen stillen Platz, an dem du sagen kannst: „Ich liebe dich. Du liebst mich. Das ist hier und jetzt so. Es ist gut, hier zu sein. Es tut mir gut, in deiner Gegenwart zu sein, o Herr. Ich brauche nichts anderes mehr."

Dienst

Zu dienen heißt, bei etwas, das dem Volk Gottes gut tut, beteiligt zu sein.

Zuweilen sind wir vielleicht mit wichtigeren Dingen beschäftigt – Nackte zu bekleiden, Armen Obdach zu geben, Flüchtlingen zu helfen, Kranke oder Menschen im Gefängnis zu besuchen, aber das fängt immer im Kleinen an: Wenn du mit deiner Familie und den Menschen, mit denen du zusammenarbeitest, freundlich umgehst, ein geduldiges Wort sprichst, eine Karte schreibst, eine Blume schickst.

Hier gilt: Aufmerksam sein; aufmerksam sein; aufmerksam sein.

Wenn wir regelmäßig beten und wissen, dass Gott hier und jetzt in uns ist, werden wir sehr aufmerksam gegenüber anderen, weil wir weniger mit uns selbst beschäftigt sind. Wir machen uns dann weniger Sorgen um uns selbst; und wenn wir nicht zu sehr um uns selbst besorgt sind, sehen wir die anderen Menschen deutlicher. Wir sehen, wie sie ringen. Wir sehen, wie schön sie sind. Wir sehen, wie liebenswürdig sie sind. Wir sehen, dass sie nicht versuchen, uns zu verletzen, sondern dass sie ihre eigenen Probleme haben. Wir sind dann viel freundlicher, weil wir in der Gegenwart des Heiligen Geistes sind. Uns geht auf, dass auch diese Menschen zu kämpfen haben.

Das ist eine der größten und ersten Belohnungen dafür, Jesus nachzufolgen. Plötzlich sieht der Heilige Geist in dir den Heiligen Geist in ihnen. Der Christus in dir sieht den Christus in ihnen. Das Herz Gottes in dir sieht das Herz

Gottes in ihnen. Geist spricht zu Geist, Herz spricht zu Herz und Christus spricht zu Christus. Du kannst Christus in der Welt nicht sehen, aber der Christus in dir kann den Christus in der Welt sehen. Du kannst Gott in der Welt nicht sehen, aber Gott in dir kann Gott in der Welt sehen. Das geistliche Leben ist die Erkenntnis des Heiligen Geistes, im Heiligen Geist, für den Heiligen Geist. Es ist die Gegenseitigkeit des Heiligen Geistes, der den Heiligen Geist sieht. Es ist die Gegenseitigkeit Gottes, der Gott lobpreist.

Wir beginnen zu sehen, wie gut die Menschen hinter all ihrer Gewalttätigkeit, ihres Hasses, ihrer Rachsucht, ihrer Illusionen und ihrer Wünsche sind. Uns geht auf, dass sie Gottes Volk sind und der Geist Gottes auch sie anweht und in ihnen atmet. Wir merken, dass die Menschen wunderbar, ja wunderschön sind, Persönlichkeiten und ein Widerhall der Liebe Gottes. Das sehen wir und wir freuen uns darüber. Wir können sagen: „Es tut gut, mit euch zusammen zu sein, denn ihr erinnert mich desto mehr an die Liebe Gottes." Da beginnt sich Gemeinschaft zu bilden. Ein neues Leben beginnt.

Wir dienen einander nicht, um damit etwas zu verdienen. Wir tun es auch nicht aus dem angstvollen Bedürfnis heraus, die Welt zu retten. Nein. Wir können sehen, wie angestrengt das werden kann. Wenn unsere einzige Sorge bloß die ist, dass wir sagen: „Am besten helfe ich ihm oder ihr halt" oder etwas unternehmen, um einen Menschen oder die Welt oder unser Land oder die Politik oder die sozialen Verhältnisse zu ändern – wenn also die Veränderung die Bedingung dafür ist, dass wir uns einsetzen –, dann werden wir sehr bitter, und das ziemlich schnell. Aber wenn das Dienen Ausdruck der Dankbarkeit für die Liebe ist, die wir bereits erfahren haben, dann können wir uns frei fühlen und uns auf den Austausch einlassen, ohne uns so furchtbar anzustrengen. Das Dienen ist ein Ausdruck der Begabung, die in uns steckt und die wir mit anderen Menschen teilen möchten.

In gewisser Hinsicht ist das Dienen ein Akt der Dankbarkeit. Wir sind so voller Bewusstsein der Gegenwart Gottes und haben dank Gottes Verheißung solche Zuversicht, dass wir das nicht nur für uns selbst behalten können. Wir möchten es mit anderen Menschen teilen. Die Jünger gingen in die ganze Welt hinaus, um zu verkünden, dass Gott mit uns ist und wir uns schon jetzt seiner Gegenwart erfreuen können. Die Sorge der Jünger um die Armen, die Hungernden, die Kranken und die Sterbenden war Ausdruck eines tiefen Glaubens an Gottes Gegenwart. „Was ihr dem geringsten meiner Brüder getan habt, das habt ihr mir getan“ (Matthäus 25,40).

Wenn du dich in dem Bewusstsein einübst, dass Gott gegenwärtig ist, spürst du, dass es dich zu den Armen hinzieht; zu Menschen, die zu kämpfen haben; an Orte, wo Menschen Schmerzen erleiden. Du willst, dass andere Menschen spüren, dass Gott bei ihnen ist. Anderen Menschen zu dienen heißt, einfach nur das neue Leben zu bezeugen, das in einem steckt.

Der Heilige Geist in dir wird dich näher zu denen hinziehen, die leiden oder Schmerzen haben, denn du wirst angesichts ihrer die Gegenwart Gottes empfinden. Wir möchten bei diesen Menschen sein und ihnen offenbaren, dass Gott sie nicht vergessen und alleingelassen hat. Wir möchten der Welt verkünden, dass da etwas Großes geschieht und der Heilige Geist nicht nur zu uns, sondern auch zu ihnen kommt. Wir möchten sie wachrufen. Wir möchten ihnen sagen: „Vertraut darauf, dass Gott in euch ist, und lebt entsprechend diesem Heiligen Geist. Er wird alles neu machen."

„Ihr werdet mehr Energie bekommen, als ihr gedacht hattet. Ihr hattet gemeint, ihr wärt gebrochen – und das seid ihr ja auch –, aber inmitten eurer Gebrochenheit und Armut steckt etwas in euch. Ihr habt eine Gabe. Lasst diese Gabe in euch reif werden und Frucht tragen."

All die kleinen Dinge, die ihr tut, tut ihr aus Dankbarkeit. Der Dienst für einen Menschen, der Einsatz für einen Nachbarn – ob klein oder groß, ob gemeinsam mit einzelnen Menschen, Gemeinschaften oder Ländern –, alle Dienste, die wir tun, sollten wir aus Dankbarkeit tun.

Das alles müssen Akte der *eukharistia* (Eucharistie, Dankbarkeit) sein.

Alle unsere Akte der Dankbarkeit müssen Ausdruck der Tatsache sein, dass Gott zu uns gekommen ist und in uns wohnt, und dass Gott uns bereits das ewige Leben geschenkt hat, weil er uns seinen Atem eingehaucht hat. Wir sind bereits in Gott. Grundsätzlich haben wir schon den Tod und das Böse besiegt, und deshalb können wir in aller Freiheit dankbar leben und unsere Dankbarkeit auf die Weise zum Ausdruck bringen, dass wir uns um unseren Nächsten kümmern, um das Gottesvolk und um die ganze Welt.

Es wirkt sehr befreiend, wenn wir wissen, dass man sich mittels dankbaren Dienens in die Gegenwart Gottes versetzen kann. Es geht in unserem Leben um Beten und Dienen. Auf diesem Weg offenbart uns der Geist Gottes Gott. Gebet und Dienst sind das Herz der Nachfolge Jesu.

Wir sind an den Schluss dessen gekommen, was ich mit Ihnen über die Nachfolge Jesu teilen wollte. Ich hoffe, meine Worte sind kleine Samenkörner, die ich in Ihr Herz gestreut habe. Machen Sie sich keine Sorgen darum, was das alles wert war, sondern vertrauen Sie darauf, dass da eine Saat ausgesät wurde. Es wird vielleicht erst nächste Woche oder nächstes Jahr passieren, dass Sie sagen: „Es hat etwas bewirkt, dass ich dieses Buch gelesen habe, und das trägt jetzt seine Frucht." Vertrauen Sie darauf.

Vielleicht kommt Ihnen jetzt eine neue Idee. Sie muss gar nicht besonders ausgeprägt sein. Sie brauchen einfach bloß zu glauben, dass mit diesem Buch Gott zu Ihnen gekommen ist und Sie eines Tages in der Lage sein werden, zu sagen: „Mir war das nie so recht bewusst, aber da hat in mir etwas angefangen, dessen Früchte ich jetzt sehen kann." Vielleicht erkennen Sie es noch nicht, aber Sie können darauf vertrauen. Eines Tages wird es sich Ihnen offenbaren. Gott hat Ihnen das versprochen.

Lieber Herr,

sprich leise in mein Schweigen hinein.

Wenn die lauten äußeren Geräusche in meiner Umgebung und die lauten inneren Geräusche meiner Ängste mich immer noch von dir wegziehen wollen, dann hilf mir, darauf zu vertrauen, dass du immer noch da bist, auch wenn ich unfähig bin, dich zu hören. Schenk mir Ohren zum Hören auf deine leise, sanfte Stimme, die spricht: „Kommt alle zu mir, die ihr euch plagt und schwere Lasten zu tragen habt. Ich werde euch Ruhe verschaffen..., denn ich bin gütig und von Herzen demütig." Lass diese liebevolle Stimme meine Führerin sein.

Amen.

NACHWORT DER HERAUSGEBERIN

Dieses Buch beruht auf sechs Vorträgen von Henri Nouwen, die er in der Fastenzeit 1985 in der St. Paul Church in Cambridge, Massachusetts/USA, gehalten hat.

Das war in Nouwens Leben eine Etappe voller Ungewissheit. Zwei Jahre zuvor war er nach langem und schmerzlichem Überlegen von einem missionarischen Versuch in Peru zurückgekehrt. Er fühlte sich nach dieser Rückkehr von Südamerika an die *Harvard Divinity School*, wo er eine angesehene Dozentenstelle bekommen hatte, ganz allein auf sich gestellt und von Rastlosigkeit umgetrieben. Aber die Atmosphäre des Wettbewerbs und Konkurrenzdenkens an dieser Universität verstärkte nur noch seine ihn ohnehin schon peinigenden Gefühle der Einsamkeit und der Unrast.

Diese Vorträge – darüber, wie man in angstvollen Zeiten leben sollte – vibrieren aus dem Grund voller Energie, weil dieses Thema für Henri Nouwen nicht theoretischer Natur war, sondern seine eigene Realität. Die Frage, wie man Jesus nachfolgen könne, war *seine* Frage. Etwas weniger als vier Monate danach kündigte er seinen Lehrstuhl in Harvard, zog nach Toronto und wurde Seelsorger der „Arche" von Daybreak, die dem Netzwerk von Kommunitäten angehörte, das Jean Vanier für und mit Menschen mit geistiger Behinderung gegründet hatte. Indem er seine Vision davon, was es bedeute, Nachfolger Jesu zu sein, ausformulierte, klärte Nouwen für sich, wie der weitere Weg seiner persönlichen Berufung beschaffen sein sollte.

Der ursprüngliche Inhalt von Nouwens Vorträgen wurde auf Tonbändern von schlechter Tonqualität erhalten, anhand derer ich den Text niedergeschrieben habe. Aus Gründen der Genauigkeit wurden dazu noch zwei weitere Quellen verwendet: handschriftliche, thesenförmige Notizen, die Nouwen sich vor seinen Vorträgen in Harvard gemacht hatte, sowie Tonbänder eines Vortrags, den er im Jahr danach zum gleichen Thema in Cork in Irland hielt. Dieses gesamte Quellenmaterial stammt aus den *Henri J. M. Nouwen Archives* und der *Research Collection* an der University of St. Michael's College, University of Toronto.

Als ich mir zum ersten Mal diese Tonbänder anhörte, hatte ich das Gefühl, Nouwen spreche direkt mich an, in der Absicht, dass ich begreifen möge, was er entdeckt hatte, und mit dem leidenschaftlichen Wunsch, dass ich das „kapierte". Ich wollte dieses Gefühl bewahren und habe deshalb so weit wie möglich die Erfahrung einzufangen versucht, die Sie oder ich gemacht hätten, wenn wir uns einen seiner Vorträge angehört hätten.

Versuchen Sie, sich des Urteils zu enthalten, ob Sie mit diesem oder jenem Punkt in diesen Vorträgen einverstanden sind oder nicht; stellen Sie sich stattdessen lieber die Frage, ob die Themen, die Nouwen anspricht, an Ihre eigene Erfahrung anknüpfen. Wenn ja: wie? Nouwen ist nicht darauf aus, recht zu haben oder uns zu überreden. Sondern er möchte uns dazu anleiten, uns selbst gründlicher zu entdecken.

Ich hoffe sehr, dass Nouwens Worte in Ihrem innersten Wesen Wurzeln schlagen und Sie das bekommen, was Sie brauchen, um Ihren eigenen Nachhauseweg zu finden.

Gabrielle Earnshaw, Herausgeberin
29. April 2019
Toronto, Kanada

Gabrielle Earnshaw *ist Autorin, Herausgeberin und Rednerin. Als unabhängige Wissenschaftlerin hat sie sich auf Leben und Werk Henri Nouwens spezialisiert und hat in diesem Zusammenhang bereits einige Bücher herausgegeben.*

Außerdem war Gabrielle Earnshaw seit der Gründung im Jahr 2000 bis 2016 Archivarin der Henri J. M. Nouwen Archives. *Seit zwanzig Jahren berät sie den* Henri Nouwen Legacy Trust.

www.gabrielleearnshaw.com

DANKSAGUNG

Diese Vorträge von Henri Nouwen transkribieren und herausgeben zu können, habe ich als Privileg empfunden. Die vielen Stunden des Zuhörens waren für mich eine Art Meditation. Ich bin Karen Pascal und anderen Mitgliedern des *Henri Nouwen Legacy Trust* sehr dankbar dafür, dass sie mir dieses wichtige und Leben spendende Werk anvertraut haben.

Trotz all der Zeit, während der ich diesen Text bearbeitete, war das dennoch kein einsames Unternehmen. Viele Menschen haben mir geholfen, dieses Buch zum Leben zu erwecken.

An erster Stelle möchte ich Jutta Ayer erwähnen, eine Freundin und frühere Studentin von Henri, die 1985 bei den ursprünglichen Vorträgen dabei war. Jutta hat mir in ihrer einzigartigen Liebenswürdigkeit persönlichen und praktischen Beistand geleistet, wofür ich ihr sehr dankbar bin.

Eine weitere zentrale Persönlichkeit bei diesem Projekt war Peter Weiskel, Henris früherer Verwaltungshelfer, Herausgeber und Freund, der zur Zeit von Henris Vorträgen mit Henri zusammengearbeitet hat. Peter hat das Konzept meines Manuskripts durchgelesen und wertvolle Änderungsvorschläge eingebracht. Er hat mir bestätigt, dass ich Henris Stimme gut eingefangen und sichergestellt habe, dass es sich gut lesen lässt. Ich schätze seinen Zeitaufwand und sein Bemühen sehr; sein Gütesiegel ist äußerst wertvoll.

Die Zusammenarbeit mit dem Team des Convergent Verlages war wunderbar. Mein Lektor Gray Jansen vertraute meinem Urteil und verschaffte mir den Raum, den ich benötigte, unterbrach mich jedoch auch in den richtigen Augenblicken mit Gedankenblitzen, die das Buch großartig verbesserten. Weitere Mitglieder des Teams von Penguin Random House trugen mit dazu bei, das wunderbare Buch zu gestalten, das Sie jetzt in Händen halten, darunter: Ashley Hong, Cathy Hennessy, Mark Birkey, Songhee Kim, Jessica Sayward Bright und Sarah Horgan.

Sally Keefe Cohen und Judith Leckie zusammen mit Karen Pascal, weitere Mitglieder des *Publishing Committee for the Henri Nouwen Legacy Trust*, waren begeisternde Cheerleader und zugleich auch kritische Leserinnen. Sally kümmerte sich mit ihrer unbekümmerten, jedoch laserscharfen Effizienz um die Abdruckgenehmigungen und Judith besorgte das sorgfältige Lesen der ersten und weiterer Korrekturfassungen und war stets mit Unterstützung und Ermutigung zur Stelle. Karen lieferte hervorragende Vorschläge, ungezügeltes Vertrauen und wichtige praktische Unterstützung. Euch allen sei gedankt.

Ray Glennon, ein Mitglied des *Nouwen Board* und Freund, las die erste Fassung und gab mir hilfreich Rückmeldung.

Liesl Joson und Simon Rogers von den *Henri J. M. Nouwen Archives* und der *Research Collection* waren tüchtig und hilfreich bei meinen Fragen nach Recherchen, die ich an sie richtete. Vielen Dank euch beiden.

Gary Vaughn von *Up Is Loud Productions* lieferte lebensnotwendige Hilfe zur Verbesserung der Tonqualität der Hörbänder. Dieses Buch wäre ohne seine Spezialkenntnis und Kunstfertigkeit buchstäblich nicht zustande gekommen.

Carolyn Whitney-Brown, Henris Freundin und jetzt die meinige, bot mit ihrem charakteristischen Witz und ihrer Klugheit wertvolle Unterstützung und Ermutigung.

Catherine Smith, Catherine Manning, Roy Schaeffer, Lindsey Yeskoo, Bridget Ring und Brad Ratzlaff waren meine Verstärkung und meine Freunde. An Betsy Anderson, Ann Rowland, Lyn Gaetz, Lynde Brennan, John Olthuis und Paula Nieuwstraten aus meiner Kirchengemeinde richtet sich meine Dankbarkeit für ihre unerschütterliche Unterstützung dieses Projekts. Jeder einzelne dieser Freunde und alle zusammen haben den ganzen Unterschied ausgemacht.

Mein spezieller Dank gilt Henris Bruder Laurent Nouwen für seinen Einsatz dafür, dass dieses Buch auch in den Niederlanden und in Deutschland erscheint, sowie für all das, was er in seinem Heimatland tut, um Henris Erbe weiterhin zu fördern. Laurent hat seine Liebe und Zuneigung für seinen Bruder großzügig mit uns geteilt. Vieles, was ich von Henris Wesen weiß, verdanke ich ihm.

Wie schon immer, hat Sue Mosteller, Henris enge persönliche Freundin und literarische Verwalterin, auch dieses Projekt unermüdlich mit ihrer enthusiastischen Unterstützung begleitet. Ihr Glaube an mich ist der Wind in meinen Segeln.

Ich möchte auch meine große Dankbarkeit an Richard Rohr dafür zum Ausdruck bringen, dass er eine so großartige Einführung geliefert hat, mit der er Henri Nouwen als einen der geistlichen Lehrmeister vorstellt, die den Test der Zeit bestehen. Diese Rückendeckung seitens eines Weisheitslehrers unserer Generation ist für Henris Erbe ein großes Geschenk. Besondere Erwähnung gebührt auch Richards Assistentin Jenna Bourland für ihre praktische Hilfe.

Schließlich gebührt auch meiner Familie großer Dank, darunter meinen Schwestern Heidi Earnshaw und Christine Earnshaw-Osler sowie meiner Mutter Marlene Gordon. Mein Ehemann Don Willms, der mich inzwischen schon fast zwanzig Jahre lang von Henri Nouwen reden hört, verdient die letzte dankbare Verbeugung. Er hört zu, liest, veröffentlicht, kritisiert und stellt provozierende Fragen. Er hat die Jahreszeiten des Veröffentlichungsprozesses mit mir zusammen durchwandert, ohne je zu ermüden. Viel Liebe und Wertschätzung dir, lieber Don.

ZUM AUTOR

Henri J. M. Nouwen, geboren am 24. Januar 1932 im niederländischen Nijkerk, wurde 1957 zum katholischen Priester geweiht. Nach seiner Promotion an der Universität Nijmegen wurde er Professor für Psychologie und Pastoraltheologie u. a. an den Universitäten Notre Dame, Yale und Harvard in den USA.

Er lebte mit Trappistenmönchen im Kloster, unter Armen in Peru und rang leidenschaftlich mit Fragen sozialer Gerechtigkeit. Nach einer lebenslangen Suche fand Henri Nouwen schließlich nach Hause, als er 1986 der Einladung von Jean Vanier folgte und sich der *Arche*-Bewegung anschloss; einer Lebensgemeinschaft von Menschen mit und ohne geistige Behinderung. Bis zu seinem Tod war er geistlicher Leiter der Arche-Gemeinschaft *Daybreak* in Toronto/Kanada.

Henri Nouwen verfasste 39 Bücher über Spiritualität, die sich weltweit über acht Millionen Mal verkauften und in mehr als 35 Sprachen übersetzt wurden.

Er starb am 21. September 1996.

www.HenriNouwen.org

Geliebte Kinder Gottes

Henri J. M. Nouwen

Adam

Mein Freund ohne Worte

Aus dem Englischen neu übersetzt von Eva Weyandt

Mit einem Nachwort von Laurent Nouwen

ISBN 978-3-86256-177-3 · Auch als E-Book erhältlich

Eigentlich wollte Henri Nouwen ein Buch über das Wesentliche des christlichen Glaubens schreiben. Der Professor hatte die Universität Harvard verlassen und war Seelsorger der Arche-Gemeinschaft geworden, in der Menschen mit und ohne geistige Behinderung zusammenleben.

Dann starb Adam, ein junger Mann mit Einschränkungen, den Henri Nouwen intensiv begleitet hatte. Dabei war Adam ihm – ganz ohne Worte – zum Freund und Wegbegleiter, ja zum Lehrer geworden.

Und so schildert Henri Nouwen hier das Leben von Adam. Damit schlägt er eine Brücke zum Glauben: Mit einfachen und berührenden Worten beschreibt er, was es bedeutet, Gottes geliebtes Kind zu sein.

Von der Sehnsucht, vollkommen frei und vollkommen sicher zu sein

Henri J. M. Nouwen und Carolyn Whitney-Brown

Loslassen und fliegen
Henri Nouwens ungewöhnliche Freundschaft mit Zirkus-Artisten

Aus dem Englischen übersetzt von Eva Weyandt
ISBN 978-3-86256-180-3 · Auch als E-Book erhältlich

Foto: Ron P. van den Bosch

Im unvollendeten, letzten Buchmanuskript von Henri Nouwen geht es um seine inspirierende Begegnung mit den *Flying Rodleighs* – renommierten Trapez-Artisten, die er in Freiburg im Zirkus Barum erstmals erlebte. War es die tiefe Sehnsucht, vollkommen frei und vollkommen sicher zu sein, die diese Künstler in Henri Nouwen anrührten?
Henri Nouwens Freundin und Kollegin Carolyn Whitney-Brown präsentiert nun erstmals seine unveröffentlichten Trapez-Schriften, eingerahmt von der wahren Geschichte, wie Nouwen während eines Herzinfarkts von Rettungssanitätern und der Feuerwehr durch ein Hotelfenster geborgen wurde.

„Keine Frage, dass Fliegen, Fallen und Fangen ungewöhnliche Lehrer für Henri Nouwen waren, dessen klare Vorlieben Sicherheit, Stabilität und Gehaltenwerden waren! Ich hoffe und vertraue darauf, dass Sie als Leserinnen und Leser Henri erlauben, Sie auf Ihrer eigenen Reise durch das Risiko in die Freiheit zu begleiten!"

Sr. Sue Mosteller CSJ

Dieses Buch wurde **in Deutschland** hergestellt.

Das Papier, das dafür verwendet wurde, ist FSC®-zertifiziert. Als unabhängige, gemeinnützige, nichtstaatliche Organisation hat sich der Forest Stewardship Council® (FSC®) die Förderung des verantwortungsvollen und nachhaltigen Umgangs mit den Wäldern der Welt zum Ziel gesetzt.

FSC
www.fsc.org
MIX
Papier aus verantwortungsvollen Quellen
FSC® C083411

Außerdem unterstützen wir ein Klimaschutzprojekt sowie Baumpflanzung.

Druckprodukt mit finanziellem
Klimabeitrag
ClimatePartner.com/15105-2411-1001

Dieses Buch wurde bewusst **nicht in Folie** eingeschweißt; unser Versandpartner verwendet zudem Papier und nicht Plastik als Füllmaterial.